퍼포먼스 디지털마케팅 실전

퍼포먼스 디지털마케팅 실전

초판 1쇄 발행 2018년 10월 19일
2쇄 발행 2019년 6월 24일
3쇄 발행 2022년 5월 16일

지은이 김원태, 주경민, 와이즈플래닛컴퍼니
펴낸이 장길수
펴낸곳 지식과감성#
출판등록 제2012-000081호

디자인 장홍은
편집 이현, 안영인, 최지희, 장홍은
교정 이주영
마케팅 고은빛

주소 서울시 금천구 벚꽃로 298 대륭포스트타워6차 1212호
전화 070-4651-3730~4
팩스 070-4325-7006
이메일 ksbookup@naver.com
홈페이지 www.knsbookup.com

ISBN 979-11-6275-327-9(03320)
값 12,000원

ⓒ 김원태·주경민·와이즈플래닛컴퍼니 2018 Printed in Korea

잘못된 책은 구입하신 곳에서 바꾸어 드립니다.
이 책의 전부 또는 일부 내용을 재사용하려면 사전에 저작권자와 펴낸곳의 동의를 받아야 합니다.

이 도서의 국립중앙도서관 출판예정도서목록(CIP)은 서지정보유통지원시스템
홈페이지(http://seoji.nl.go.kr)와 국가자료공동목록시스템(http://www.nl.go.kr/kolisnet)에서
이용하실 수 있습니다. (CIP제어번호 : CIP2018032630)

홈페이지 바로가기

매출이 오르지 않아 고민하는 마케터와 CEO를 위한

퍼포먼스 디지털마케팅 실전

김원태 · 주경민 · 와이즈플래닛컴퍼니 지음

4가지 변수를 이해하면 마케팅의 전부가 보인다!

CONTENTS

인트로 1: 아이템이 중요한 시대에서 마케팅이 중요한 시대로   6
인트로 2: 마케팅, 기본을 알면 잘할 수 있다   14

STEP 01 마케팅에 대한 잘못된 이해

1. 유료 VS 무료 마케팅   22
2. B2B, B2G 업종도 디지털 마케팅을 할 수 있다   27
3. 마케팅 이론, 배워야 하는가?   30
4. 인하우스 마케터 VS 대행사   33

STEP 02 퍼포먼스를 높이기 위한 디지털 마케팅 구조 설계

1. 성장하는 기업의 올바른 구조   38
2. 마케팅 성공을 결정하는 4가지 변수   50
3. 4가지 마케팅 변수 실무 적용법   53

STEP 03 퍼포먼스를 높이는 디지털 마케팅 전략

1. 마케팅 전략 쉽게 이해하기	84
2. 시장 분석	89
3. 4가지 변수의 적용	105
4. 성장 시기별 마케팅 전략	109
5. 가치의 시각화와 경쟁우위	114
6. 채널 전략	121

STEP 04 바로 적용해 볼 수 있는 실무 노하우

1. 페이스북을 활용한 시장 검증 방법	130
2. 1등 기업의 마케팅 전략 벤치마킹 방법	138

글을 마치며	143
+Appendix: 퍼포먼스 마케팅 전략 보드	147

인트로 1
아이템이 중요한 시대에서 마케팅이 중요한 시대로

새로운 사업을 기획하거나 창업을 고민하는 예비창업가들 그리고 많은 기업의 신사업 부서에서는 예나 지금이나 '뭐 좋은 아이템 없나?' 하며 획기적인 아이템에 대해 습관적으로 이야기한다. 그리고 좋은 아이템만 발견한다면 일확천금을 얻을 수 있다고 생각하는 사람들도 어렵지 않게 만날 수 있다. 그렇다면 좋은 아이템만 있다면 성공할 수 있는가? 안타깝게도 아이템만 좋다면 성공한다는 공식은 현재의 비즈니스 환경에서 점점 설득력을 잃어가고 있다.

같은 아이템 다른 결과

'위폰'을 시작으로 '티켓몬스터'가 불을 지피며 기하급수적으로 성장하였던 소셜커머스 모델을 한번 살펴보자. 2010년 초 10여 개에 불과했던 소셜커머스 기업들은 불과 1년이 채 지나지 않아 800개 이상의 기업들이 등장하게 되고 통신사, 포털 등 다수의 대기업이 진입하게 되면서 순식간에 레드오션 시장으로 변하게 되었다. 하지만 지금은 우리가 익히 알고 있는 '티몬', '쿠팡', '위메프'를 제외하면 생존하고 있는 소셜커머스 서비스를 찾아보기가 쉽지 않다. 소셜커머스라는 아이템이 흔히 이야기하는 '대박 아이템'이라고 가정했을 때 800개가 넘는 플레이어들이 모두 좋은 아이템을 갖고 사업을 시작했지만, 대다수의 기업은 현재 폐업상태이다.

요즘도 자신의 사업 모델을 투자자 또는 대중 앞에서 발표하는 데모데이 현장에 가보면 '배달의민족', '배달통', '요기요' 등을 벤치마킹하여 그들과 경쟁하려는 기업들을 발견할 수 있다. 그리고 앱스토어에 '배달'이라는 검색어를 입력해 보면 수십 개의 배달 어플을 손쉽게 다운로드하여 사용할 수 있다. 하지만 그 사용량은 미비하다. 이러한 현상은 동네에서도 어렵지 않게 찾아볼 수 있다. '핫도그'라는 동일한 아이템으로 어떤 매장은 사람들이 줄을 서서 먹고 있는 반면, 어떤 분식집은 잘 팔리지 않아 점점 눅눅해져 가는 핫도그가 쌓여만 갈 뿐이다. '좋은 아이템=성공'이라는 공식이 이제는 맞지 않는 것이다. 그렇다면 아이템 이외에 무엇이 중요하며 같은 아이템으로 출발하여도 다른 결과가 발생하는 이유는 무엇인가?

1등 제품만 구입하는 소비자

소비자는 제품을 구입하거나 서비스를 이용할 때 어떤 사고과정을 통해 구입하게 될까? ○○컨설팅의 김 과장과, ○○컴퍼니의 박 팀장이 점심에 무엇을 먹을지를 고르는 과정을 예로 들어 보자.

어제 저녁에 팀원들과 회식을 하며 마셨던 소주 때문인지 김 과장은 얼큰한 국물이 먹고 싶다. 얼큰한 국물을 먹을 수 있는 회사 주변의 식당과 메뉴를 떠올려 보니 부대찌개, 김치찌개, 라면 세 가지가 떠올랐다. 어떤 것을 먹을지 고민을 하다가 결국 김치찌개를 선택하게 되었다.

박 팀장은 점심식사 때문에 고민이다. 갑자기 거래처에서 손님이 찾아오기로 했기 때문이다. 회사 주변에 손님과 같이 갈 만한 식당을 찾기 위해 포털 사이트에 '○○역 맛집'을 검색하였다. 여러 개의 후기를 발견하게 되었고 그중 두 곳을 고민하다가 적당한 가격과 대화하기 좋아 보이는 한정식 집을 예약하게 되었다.

김 과장과 박 팀장의 구매행동 프로세스에서 우리는 공통적인 패턴을 발견할 수 있다. 결국 소비자는 두세 가지를 고려하다가 하나의 선택을 한다는 것이다. 뇌과학자 조현준의 저서 《왜 팔리는가?》에서는 이러한 소비자의 본능적인 소비 행태를 무의식 소비라고 한다. 무의식 소비란, 사람은 다수의 후보군을 고려하는 것에 대한 스트레스를 느끼기 때문에, 선택의 스트레스를 줄이기 위해 심리적 면역체계가 작동하여 평균 세 개 내외의 후보군을 고려하고 결국 1등을 구입하는 소비심리를 말한다. 즉, 소비자에게 3순위 내의 브랜드로 인지되지 못하면 선택받을 수 없다는 것이다.

무의식 소비를 설명할 수 있는 몇 가지 상황을 더 살펴보자. 갑자기

집에 치약이 떨어져서 구입을 해야 한다고 하면 어떤 브랜드가 떠오르는가? (잠시 책을 덮고 생각해 보자.) 대부분의 소비자는 '2080', '페리오', '죽염' 등을 떠올릴 것이다. 그 외에도 수백 개의 치약 브랜드가 있지만 열 가지 이상을 외우고 구매를 고려하는 소비자는 없을 것이다. 소셜커머스도 아직 수십 개의 서비스가 운영되고 있지만 대부분의 소비자는 '티몬', '쿠팡', '위메프'를 떠올릴 것이다. 족발·보쌈 브랜드도 마찬가지로 수백 개의 브랜드가 있지만 '놀부', '원할머니' 등을 제외하면 떠오르는 브랜드가 많지 않을 것이다.

소비자는 소비행동을 할 때 정보 탐색 후 최대 세 가지를 후보군으로 고민하고 그중 1등을 구입하게 된다. 1등만 구입하면 2등이 어려움을 겪을 수 있으니 필요 없으면서 경제 활성화를 위해 2등도 함께 구입하는 소비자는 거의 없을 것이다.

아무리 국내 최초, 세계 최초 아이템을 론칭해도 경쟁사는 등장하기 마련이다. 특허도 진입장벽이 되어 주지 못하는 경우가 많다. 결국 우리는 좋은 아이템을 개발하는 것과 함께 어떻게 하면 소비자에게 3등 이내의 브랜드로 인식되며, 그중에서도 1등으로 선택받을 수 있을지 고민하고 노력해야 하는 것이다.

TPM Mountain

 창업 후 1년이 지나면 90%의 기업이 없어지고, 3년이 지나고 나면 그중 90% 기업이 문을 닫는다고 한다. 벤처기업이 실패하는 이유에 대해 조사를 하면 매번 상위에 랭크되는 것이 '마케팅'이다. 기업가들의 가장 큰 고민 중 하나는 '우리 제품(서비스)을 어떻게 마케팅하면 더 많이 판매할 수 있을까?'이다.

 허범도의 저서 《TPM 법칙》은 TPM을 통해 국내 중소기업이 당면한 문제에 대한 해법을 제시하고 있다. TPM Mountain은 비즈니스 현장에서 많은 공감을 받고 있는 모델이다. 대부분의 사업이 시작될 때 기업은 기술, 제품, 마케팅이라는 산을 넘어야 하는데 그중 마지막에 있는 가장 큰 산이 마케팅의 산이다. 다음 산을 넘지 못하는 기업은 산과 산 사이에 있는 골짜기에 빠지게 되는데 이를 눈물의 골짜기라고 한다. 결국 아무리 좋은 기술과 제품을 갖고 있는 기업도 마케팅이라는 산을 넘지 못하면 눈물을 흘릴 수밖에 없다. 론칭이 되면 소비자가 몰려올 것이라 기대했다가 론칭 후 매출이 오르지 않을 때의 고통은 경험해 보지 않은 사람은 모를 것이다.

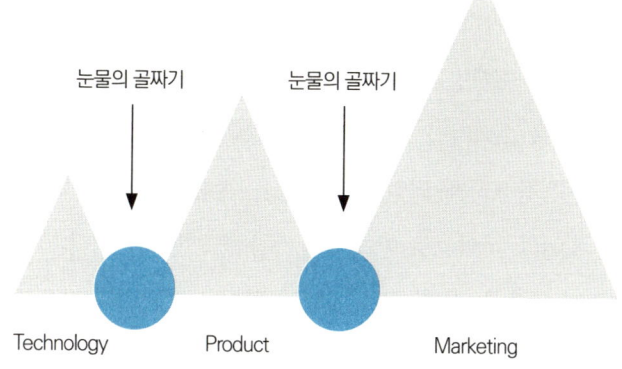

마케팅이 가장 중요한 시대

• •

    인터넷의 발전과 모바일기기의 활성화 그리고 모든 것이 연결되는 4차 산업혁명 시대에서 소비자는 수많은 정보에 노출되어 있고 기술의 혁신은 따라갈 수 없을 정도로 빠르게 이루어지고 있다. 또한 하루에도 수천 개의 서비스가 등장하고 폐업하며, 하루에도 수십 개의 경쟁자가 등장한다. 그리고 매체와 기술의 급격하고 다양한 변화로 소비자들에게 노출되는 정보 역시 다양해지면서 소비자들은 더욱 어려운 선택을 하게 되었다.

    수천억 원의 매출을 올리고 있는 영어교육 회사의 대표도 영어를 잘하지 못한다. 수백 개의 가맹점을 갖고 있는 프랜차이즈 기업의 대표도 요리를 잘하지 못한다. 잘나가는 부동산 중개 스타트업의 대표도 공인중개사가 아니다. 요즘 성공하는 기업의 대표들은 대부분 기술 전문가가 아닌 마케팅 전문가이다. 넘치는 정보와 수천 개의 대안 중 우리의 제품을 소비자가 선택할 수 있도록 선택을 설계하는 능력이 기업에서 가장 중요하게 되었고, 마케팅을 잘하는 기업만이 성공할 수 있게 된 것이다. 바야흐로 마케팅이 가장 중요한 시대이다.

기업이 매출을 발생시킬 수 있는 방법은 마케팅과 세일즈뿐이다(정확하게는 세일즈도 마케팅의 일부이다). 기업 내 마케팅 전문가가 없다면 기업의 매출은 성장할 수 없다. 마케팅 담당자가 급하다고 주변 지인 중 인터넷 좀 한다는 젊은 친구 한 명을 마케터로 영입한다면 반드시 실패할 수밖에 없다. 페이스북이나 블로그에 글 좀 올릴 줄 아는 마케터가 아닌 마케팅 구조 전체를 이해하고 회사의 퍼포먼스를 극대화시킬 수 있는 진짜 마케터가 필요한 것이다.

매년 마케팅과 관련된 수백 가지 방법론이 쏟아져 나오고 있다. 그리고 우리는 유행에 휩쓸려 마케팅의 본질과 구조를 이해하지 못하고 광고대행사를 사기꾼이라 욕하면서 마케팅에 실패하고 있다.

변화와 변수가 많은 마케팅을 '마케팅은 이렇게 구성되어 있어'라고 정의하는 것은 매우 어려운 일이다. 하지만, 마케팅에 대한 공부를 이제 막 시작하려는 마케터들에게 조금이나마 도움이 되고자 이 책에서는 500번 이상의 마케팅 성공 경험을 통해 얻게 된 마케팅의 4가지 변수를 정의하여, 마케팅의 핵심 구조를 보다 쉽게 이해할 수 있도록 하였다. 마케팅을 구성하고 있는 4가지 변수를 이해한다면 스타트업 대표, CMO(chief marketing officer), 마케팅 담당자들은 마케팅의 구조를 보다 쉽게 이해하게 되어, 우리 회사 또는 고객 기업의 퍼포먼스를 높이는 방향을 설정할 수 있게 될 것이다.

인트로 2
마케팅, 기본을 알면 잘할 수 있다

by. Wise K(와이즈플래닛 주경민 대표이사)

나는 마케팅 회사를 운영하며 수많은 마케팅을 진행해 왔다. 월 매출 3천만 원 회사의 매출을 40배 성장시킨 경우도 있고 죽어 가는 벤처기업이나 프랜차이즈를 살린 경우도 있다. 2~3배 이상 매출을 올린 사례는 수백 곳이 넘는 듯하다.

마케팅 관련 일을 하며 대기업, 스타트업, 자영업자, 공공기관, 프랜차이즈의 수많은 마케팅 담당자를 만나며 많이 듣는 말 중 하나가 '마케팅은 정답이 없다'는 말이다. 도대체 마케팅이 무엇이기에 수많은 담당자가 마케팅을 답이 없는 싸움이라고 이야기하는 것일까?

마케팅이란 무엇일까?

마케팅을 제대로 알고 싶다면 우선 마케팅의 정의부터 명확히 알아야 한다. 미국 마케팅 협회가 정의한 마케팅은 다음과 같다.

"마케팅은 생산자로부터 소비자 또는 사용자에게로 제품 및 서비스가 흐르도록 관리하는 제반 기업 활동의 수행이다."

그럼 한국에서는 마케팅을 어떻게 정의하고 있을까? 한국 마케팅학회에서는 마케팅을 다음과 같이 정의한다.

"마케팅은 조직이나 개인이 자신의 목적을 달성시키는 교환을 창출하고 유지할 수 있도록 시장을 정의하고 관리하는 과정이다."

마케팅의 정의는 하나같이 왜 다 어려운 것인가. 아마도 마케팅을 하는 사람들의 다양한 목적들을 한 단어에 몰아넣으려고 하기 때문인 듯하다.

마케팅에 '돈'을 쓰는 사람들에게 마케팅의 의미란?

조금 더 쉽게 접근하기 위해 현재 마케팅에 돈을 쓰고 있는 사람(또는 기업)들에게 마케팅의 목적을 물어보았다.

자영업자 A 씨: 장사 잘되게 하려고요!
프랜차이즈 대표: 가맹점 늘리고 매출 올리려고요!
쇼핑몰 B 대표: 매출 올리려고요!
스타트업 대표: 앱 다운로드 늘리려고요!
중견기업 K 대표: 매출 향상이 목적이죠.
대기업 마케팅 담당자: 성공적인 브랜딩이요!

실제로 많은 중소기업 또는 자영업자와 마케팅을 진행하다 보면 어려운 정의와 달리 그들의 요구는 단순하다. 그들에게 마케팅은 '매출을 올리는 활동'이다. 그리고 매출보다 서비스의 사용이 중요한 일부 스타트업들에게 마케팅이란 '이용자를 모으는 활동'이다. 다만 기업이 커지는 경우 마케팅의 목적이 직책에 따라 바뀌기도 한다. CMO에게는 매출 또는 시장점유율이 목표일 수 있고, 누군가는 '브랜딩'이 목표라고 한다.

마케팅은 소비를 유도하는 모든 활동

∙ ∙

대다수의 사람은 마케팅을 고객이 자신의 서비스에 대한 '소비를 유도하는 행위'라고 이해한다. 그리고 그 목적에 맞춰 예산을 편성하고 다양한 마케팅을 진행한다. 물론 소비라는 개념이 마케팅을 모두 아우를 수 있는 것은 아니다. 실례로 텔레비전 광고 중에 다양한 공익광고, 인재채용 광고, 브랜드 신뢰도 향상 광고 등은 소비를 목표로 진행되는 것이 아니다. 하지만 '소비'라는 개념을 매출 신장, 서비스 이용이라는 범위로 한정 짓는 것이 아니라 '인재채용, 신뢰도 향상' 등 큰 범위에서 '목적하는 것에 대한 소비'로 이해한다면 마케팅을 '소비를 유도하는 행위'로 포괄할 수 있게 된다.

마케팅이라는 개념을 단순화시키면 모호했던 마케팅을 쉽게 풀어나갈 실마리가 보이게 된다. 듣기만 해도 머리가 아픈 마케팅 용어들의 본

질은 결국 '소비'다. 마케팅 이론들은 결국 '어떻게 하면 잘 팔리는 상품을 만들어서 잘 팔 수 있을까?'라는 질문에 답을 만드는 과정일 뿐이다.

이제 마케팅이 단순해졌다. 우리는 어려운 마케팅 이론에서 벗어나서 내 제품이나 서비스를 어떻게 하면 잘 만들고, 잘 팔 수 있을지 고민하는 데만 집중하면 된다.

마케팅에 정답은 없다. 정답의 정의가 '바른 답'이라고 한다면 상황과 예산별로 내야 하는 답이 다른 마케팅은 구조상 '정답'을 갖지 못한다. 하지만 모든 마케팅에 '최적의 답'은 있다. 한정된 리소스로 최상의 결과를 만들어 내는 것. 우리는 그것을 마케팅의 '최적의 답'이라고 부른다.

마케팅 전문가는 한정된 자원으로 최상의 소비를 만들어 내는 사람

나는 '마케팅 전문가'란 한정된 자원으로 최상의 소비를 만들어 내는 사람이라고 정의한다. 아무리 톡톡 튀는 아이디어를 바탕으로 한 수상 경력이 있더라도, 마케팅을 가르치는 교수라 할지라도, 혹은 대기업 마케팅 이사를 지낸 사람이라 할지라도, 눈앞의 상품을 가장 잘 팔 수 있는 '최적의 답'을 찾아내지 못한다면 과거에는 전문가였을지 모르나 현재는 전문가가 아닌 것이다. 그렇기 때문에 마케팅 전문가가 되기 위해서는 끊임없이 다양한 채널의 속성과 콘텐츠의 트렌드, 인간의 소비심리를 공부해야 한다.

마케팅 이론을 몰라도 마케팅 전문가가 될 수 있다

∙ ∙

마케팅의 목적이 '소비'며 마케팅 전문가가 '한정된 자원으로 최상의 소비를 끌어내는 사람'이라면 누구든 전문가로 불릴 자격이 있다. 실제로 현업에서 일하고 있는 가장 뛰어난 마케터들도 마케팅 이론은 전혀 모르지만 '소비자들이 원하는 것'에 대해 탁월한 감각과 실행력을 보유한 이들이 많다. 이들은 이론을 전혀 배우지 않았어도 마케팅 전략의 목표인 소비자가 원하는 포인트를 캐치하는 능력이 있다. 어떻게 해야 소비자가 상품을 구매하는지를 본능적으로 아는 것이다. 흔히 이러한 감각을 지닌 사람들을 '돈 냄새를 맡을 줄 아는 사업자 혹은 마케터'라고 부르기도 한다.

평범한 내가 마케팅을 잘하고 싶다면?

∙ ∙

마케팅의 '최적의 답'을 찾는 과정은 생각보다 간단하다. 매출이 발생하는 구조를 이해하고, 구조별 변수를 어떻게 하면 최적화 및 고도화할지 학습하면 된다. 우리는 마케팅을 구성하는 4가지 변수를 정의하고, 어떻게 하면 잘 팔리는 제품(서비스)을 만들고, 그것을 잘 팔 수 있을지 이야기하고자 한다.

마케팅, 바른 시각으로 시작해서 세부적인 지식을 차곡차곡 쌓는다면 누구나 전문가가 될 수 있다. 마케팅의 고수가 되는 첫걸음은 마케팅에 대한 잘못된 이해를 바로잡고, 마케팅의 본질이 무엇인지를 정확히 이해하는 것에서부터 시작된다.

STEP 01

마케팅에 대한 잘못된 이해

1
유료 VS 무료 마케팅

　어떤 전문가들은 강연 또는 컨설팅에서 마케팅에 돈을 쓰는 것은 멍청한 짓이라고 이야기한다. 마케팅에 많은 비용을 쓰고 싶어 하는 사람은 없다. 누구나 더 적은 비용으로 높은 성과를 내기를 기대한다. 그렇기 때문에 0원 마케팅, 무료 마케팅이 매력적으로 들릴 수 있지만 한편으로는 '매년 천문학적인 마케팅 비용을 지출하는 기업들은 왜 그럴 것인가'에 대한 의문이 들 것이다. 아래 표는 디지털 마케팅에서 일반적으로 쓰이는 채널을 유료와 무료로 구분한 표이다.

〈유료 및 무료 채널 리스트〉

무료 운영 가능 채널	유료 운영 가능 채널
- 브랜드 블로그 - 포털 카페 홍보 - 페이스북 운영 - 커뮤니티 홍보 - 이벤트 - 프로모션 기획 - 쪽지 및 EDM 등	- 확산형 블로그 광고 - 상위노출형 광고 - 키워드 광고 - 배너광고 - TV - 라디오 - 페이스북 CPM 등

여기에서 먼저 살펴볼 부분은 무료 마케팅 채널도 현금이 투입되지 않을 뿐이지 인적리소스는 투입된다는 점이다. 우리가 현명하게 판단해야 할 부분은 월급이 200만 원인 직원 한 명을 하루에 6시간씩 마케팅에 투입하면서 마케팅 비용이 0원이라고 생각하는 오류를 범하지 말아야 한다. 결국 모든 마케팅에는 현금자원 또는 인적자원이 투입된다. 그렇다면 우리는 마케팅에 인적자원만 투입해야 할 것인가? 아니면 현금자원도 투입해야 할 것인가? 투입한다면 얼마나 투입하는 것이 적정한가? 이에 대한 가이드와 함께 마케팅에서 '돈'의 의미를 살펴보고자 한다.

경쟁사 예산 규모와 마케팅 실력부터 체크하기

모든 창업은 어렵지만 여성 의류 쇼핑몰 창업은 상대적으로 쉽다고 이야기한다. 솔루션을 이용해 홈페이지를 만들고 제품 사진을 촬영하여 올리면 론칭이 되기 때문이다(사실 제대로 된 여성 의류 쇼핑몰을 창업하려면 수천만 원 이상의 비용과 개발, 기획, 디자인, 패션 등 다양한 분야의 전문성이 필요하다). 하지만, 매출을 발생시키는 것은 다른 업종에 비해 어려운 편이다. 그 이유는 무엇일까? 여성 의류 쇼핑몰이 매출 발생에 어려움이 있는 가장 큰 원인은 '경쟁사가 많고 그들이 지출하는 마케팅 비용이 크다'는 점이다. 여성 의류 쇼핑몰의 경우 상위

100개 이상의 기업들이 매월 1천만 원 이상의 마케팅 비용을 지출하고 있다. 이러한 상황에서 특별한 경쟁력이 없는 쇼핑몰이 월 마케팅 비용 몇십만 원으로 수백 개의 경쟁사 사이에서 소비자들에게 자사의 제품을 효과적으로 노출시키고, 구매 전환까지 연결한다는 것은 달걀로 바위를 깨는 일보다 더 힘든 일이다.

대부분의 유료 마케팅 채널은 더 짧은 시간에 더 정교한 타깃에게 더 많이 노출하고, 더욱 효율을 높이는 방향으로 구성되어 있다. 그렇기 때문에 다수의 경쟁사가 마케팅 비용을 지출하고 있는 상황에서 비용 지출 없이 그들보다 효율적인 마케팅을 진행한다는 것은 어려운 것이다.

〈마케팅 예산을 설정하는 방법〉

마케팅 예산=경쟁사의 예산/마케팅 실력

마케팅 예산은 수많은 변수에 의해 결정된다. 그리고 한 개의 공식으로 일반화하는 것은 더욱 어렵다. 하지만, 처음 마케팅 예산을 설정하는 초보 마케터를 위해 마케팅 예산 산출 방법을 쉽게 설명하자면 위와 같이 설명할 수 있다. 우리 회사의 마케팅 예산을 결정하는 방법은 결국 주요 경쟁사의 마케팅 예산과 비례하게 책정하는 것이다. 하지만 여기에는 '마케팅 실력'이라는 또 하나의 변수가 있다. 만약 우리 회사의 마케팅 역량이 경쟁사에 비해 2배가 높다면 경쟁사보다 절반의 예산만으로도 시장에서 성공할 가능성이 있다.

이러한 마케팅의 특성을 활용하면 반대로 기회를 찾아낼 수 있다. 기존 경쟁사가 많지 않고, 그들이 마케팅 비용을 적게 투입하고 있는 틈새 또는 신규 시장의 경우 제품의 경쟁력만 갖춘다면 낮은 예산으로도 충분히 높은 매출을 기대할 수 있다. 또 다른 기회의 시장은 규모는 크지만 기존 플레이어들이 마케팅에 대한 관심과 경쟁력이 낮은 시장을 공략하는 것이다. 실제 '착한화장지' 쇼핑몰은 업소용 점보롤, 냅킨 등의 B2B 제품들이 온라인에서 수요는 많지만 기존 경쟁자들이 디지털 마케팅을 적극 활용하지 않는다는 기회를 포착하여 론칭 후 2년 만에 랭키닷컴 기준 화장지 쇼핑몰 분야에서 1위로 성장하기도 했다(물론 지금은 매우 경쟁이 치열한 시장으로 변화하였다).

예산은 체력이다

..

비즈니스를 마라톤에 비유해 보았을 때 예산은 체력이다. 사업은 마라톤처럼 금·은·동메달을 얻기 위해 긴 거리를 달려가는 경쟁이다. 이러한 장기 싸움에서 경쟁사는 지속적으로 예산을 집행하며 마케팅을 펼치고 있는데, 우리 회사는 예산이 부족하여 마케팅을 멈추게 된다면 그 경기를 포기할 수밖에 없다.

현재 경쟁이 벌어지고 있는 몇 가지 업종을 떠올려보자. 주요 플레이어 중 갑자기 한 개 기업이 예산 부족으로 마케팅을 멈추게 된다면 어떻게 될까? 노출량이 줄어든 기업은 소비자들에게 제품을 알릴 수 없게 되고, 새롭게 진입한 플레이어 또는 기존 경쟁자가 그 자리를 대체하게 될 것이다. 그리고 마케팅을 멈춘 기업은 폐업의 길로 들어서게 될 것이다. 모든 시장이 마라톤과 같은 상황은 아니지만, 현재 우리 회사가 경쟁하는 시장이 마라톤과 같은 상황이라면 체력을 준비하는 것이 필요하다.

2
B2B, B2G 업종도 디지털 마케팅을 할 수 있다

일반적으로 B2C 업종은 마케팅을 기반으로 매출을 성장시킨다. 그리고 B2B 또는 B2G 업종의 기업은 세일즈를 통해 성장한다. 하지만, 최근 B2B와 B2G 기업에서도 디지털 마케팅을 통한 인바운드 및 매출 증가가 놀라울 정도로 증가하는 것이 확인된다. 그리고 많은 기업이 세일즈의 비중을 낮추고 디지털 마케팅의 비중을 높이는 방향으로 조직을 개편하고 있다. 지금부터 몇 가지 업종별 사례를 살펴보고자 한다.

전통적으로 프랜차이즈 본사에서 가맹점을 늘리는 방식은 영업에 집중되어 있었다. 프랜차이즈 박람회에 참여한 예비 창업자를 설득하거나, 유사 업종 매장에 방문하여 업종 전환을 유도하거나, 부동산과의 연계를 통해 예비창업자를 설득하는 형태가 주를 이루었다.

하지만 최근에는 디지털 마케팅을 통해 프랜차이즈 가맹점을 한 달에 10개 이상 확장하는 프랜차이즈가 속속들이 등장하고 있다. 그들이 주로 사용하는 마케팅 방식은 '검색광고'이다. 네이버, 다음 등 주요 포털 사이트의 검색량을 조회해 보면 프랜차이즈 창업을 위해 정보를 검색하는 이용자가 월 10만 건을 훌쩍 넘어가는 것을 확인할 수 있다. 프랜차이즈 창업 정보를 검색하는 소비자에게 자사 프랜차이즈 가맹 시 얻을 수 있는 혜택을 효과적인 콘텐츠를 통해 어필한다면 많은 가맹 문의와 함께 사업 확장이 가능하다.

연관키워드	월간검색수 PC	월간검색수 모바일
창업	21,500	43,800
소자본창업	9,550	13,100
요즘뜨는창업아이템	380	150
고기집창업	1,530	1,460
소자본창업아이템	1,900	5,510

〈프랜차이즈 창업 관련 검색량 현황〉
※ 자료출처: 네이버광고 관리 시스템 searchad.naver.com

산업현장에서 사용되는 각종 장비도 기존 영업 방식 이외에 디지털 마케팅을 통해 거래되고 있다. 산업자재를 옮길 때 사용되는 호이스트 크레인, 화학물 배합에 사용되는 교반기 등도 네이버 기준 월 검색량이 각 1.2만 건(호이스트), 7천 건(교반기)에 이른다. 장비 임대 또는 구입 비용이 수백만 원에서 최대 수억까지 발생하기 때문에 월 1만 건 전후의 검색량은 수백억 단위의 매출로 이어질 수 있는 것이다. 또 하나 놀라운 사실은 클릭당 억 단위의 매출을 발생시킬 수 있는 키워드이지만 네이버 파워링크 입찰 가격은 천 원 단위에 낙찰되고 있다는 점이다. 성형외과, 꽃 배달, 펜션 등이 클릭당 만 원이 넘는 것에 비하면 효율은 수십 배 이상인 것이다.

정부를 대상으로 하는 B2G 사업도 마찬가지 구조로 되어 있다. 와이즈플래닛컴퍼니의 교육사업팀의 경우에도 디지털 마케팅 채널을 통해 매년 수십 건의 계약을 성사시키고 있다. 정부기관의 창업교육을 담당하는 실무자들도 강사 또는 교육 전문 기업에 대한 정보를 얻기 위해 포털 사이트에 검색을 해보거나 SNS에 올라오는 전문가들을 중심으로 컨텍이 이루어진다는 사실을 포착한 후, 고객이 검색하고 자주 찾는 채널에 회사를 알릴 수 있는 콘텐츠를 노출시켰다. 그 결과 매달 수십 건의 계약 문의를 만들어냈다.

디지털채널을 활용한 B2B, B2G 마케팅은 프랜차이즈, 산업장비, 교육 이외에도 특수약품, 산업용 원자재, 컨설팅, 금융 등 다양한 분야에서 매우 높은 퍼포먼스를 만들어 내고 있다. 행복한 사실은 아직도 대다수 B2B, B2G 기업들은 세일즈에 의존하고 있으며, 디지털 마케팅을 활용하여 영업성과를 높일 수 있다는 생각을 못 하는 기업이 많다는 것이다. 이러한 시장 상황은 우리에게 기회가 될 수 있다.

3
마케팅 이론, 배워야 하는가?

 마케팅에 대한 공부를 처음 시작하면 대표적으로 STP 4P MIX에 대한 내용을 배운다. 그리고 대표적인 글로벌 기업 및 국내 대기업의 전략 사례를 학습하게 된다. 하지만 이론적으로 배운 내용을 토대로 마케팅을 시작하다 보면 멋진 전략은 수립할 수 있지만 실제 매출 상승으로 연결되지 않고 어떻게 매출을 높여야 할지 몰라 머리가 아파온다.

 그렇다면 마케팅에서의 실무란 무엇인가? 마케팅 실무는 잘 만들어진 서비스 또는 서비스를 어디에, 어떻게 노출해야 비용 투입 대비 산출이 높아질 수 있는지를 기획하고, 실행하며, 끊임없이 고도화하는 과정이다.

 처음 마케팅 실무를 시작하면 먼저 고민하는 것이 '어디에 노출해야 하는가?'이다. 즉, 채널에 대한 고민이다. 마케터가 활용할 수 있는 마케팅 채널은 수천 가지가 되고, 각각 채널의 특성과 사용방법을 학습하고 경험치가 누적되어야 어떤 채널에 노출할지 결정할 수 있다. 그 다음 이어지는 고민은 '어떻게'이다. '어떻게'는 콘텐츠에 대한 부분으로 주요 소구 포인트를 어떠한 디자인과 표현 방법을 통해 소비자에게 효과적으로 전달할 것인가에 대한 개념이다. 콘텐츠 또한 소비자의 니즈를 파악할 수 있는 눈과, 영상, 이미지, 스토리텔링, 글 등 다양한 표현 방식에 대한 전문성과 누적된 경험치가 필요하다. 마지막으로 가장 중요한 부분은 측정 및 고도화에 대한 부분이다. 수립된 전략은 가설일 뿐이고 해당 가설이 소비자에게 통하였는지를 측정하고 더 높은 효율을 만들어 내기 위해서 끊임없이 고도화해야 한다. 이 부분은 기술력, 통계에 대한 이해, 다양한 솔루션 활용 경험 등이 필요하다. 결국 마케팅 실무의 전문가가 되려면 채널, 콘텐츠 분석, 소비자, 시장, 환경에 대한 깊이 있는 이해와 누적된 경험 그리고 지속해서 개선할 수 있는 열린 마인드와 의지가 필요하다. 현재 마케팅을 책임지고 있는 CMO라면 이 모든 것을 학습하고 고도화해야 하며, 일부를 담당하고 있는 실무자라면 전체적인 실무의 구조를 이해하고 성장하는 것이 중요하다.

성공적인 마케팅의 전제조건

다만, 마케팅 실무에서 기본 전제는 팔릴 만한 제품이 있다는 것이다. 아무리 좋은 콘텐츠와 노출 효율을 만들어 내도 제품이 별로라면 매출은 발생하지 않는다.

그렇다면 이론은 중요하지 않은가?

경영, 마케팅 등의 학문은 산업 현장을 바탕으로 연구되고 구조화된 학문이다. 마케팅에 대한 이론적인 베이스가 없다면 전략적인 사고가 불가능해질 뿐만 아니라, 유행하는 마케팅에 휩쓸려 제대로 된 마케팅을 할 수 없다. 마치 수학을 공부할 때 더하기 빼기도 이해하지 않고 문제를 푸는 스킬만 익히려는 것과 같다.

많은 마케터가 시간 제약과 성과에 대한 부담 때문에 당장 현장에서 필요한 실무 노하우만 습득하거나 요즘 유행한다는 방법론을 중심으로 마케팅을 학습하고 있다. 그리고 그 방법이 마케팅의 전부인 것처럼 생각하는 경우도 있다(마치 인플루언서만 섭외하면 모든 마케팅이 끝나는 것처럼 말이다).

마케팅은 시장 분석, 경쟁자 우위 도출, 시장 세분화, 타깃 정의, 포지셔닝, 제품, 유통, 가격, 판촉, 재무, 인사 등 기업 내외부의 수많은 자원을 활용하여 거래를 발생하기 위한 광범위한 활동이다. 마케팅 이론을 배운다면 이러한 전체적인 구조를 이해할 수 있을 것이고, 유행에 흔들리지 않으며, 우리 회사에 적합한 전략을 수립하는 데 중심을 잡을 수 있을 것이다.

4
인하우스 마케터 VS 대행사

마케팅 담당자를 채용할 것인가 아니면 대행사를 통해 진행할 것인가에 대해 많은 기업의 경영진들은 고민하고 있다. 답은 간단하다. 마케터와 대행사 중 누가 더 비용 투입 대비 효율이 높은지 고민하면 된다. 마케팅은 철저히 ROI(return of investment)의 개념이기 때문이다.

〈월 마케팅 예산 400만 원 인하우스 VS 대행사 비교〉

인하우스 마케터	대행사
- 급여: 300만 원 - 매체비 및 경품비: 100만 원	- 브랜드 블로그 월 10건 포스팅 - 이벤트 기획 1건 - 페이스북 카드뉴스 4건 - 네이버 파워링크 운영 - 성과분석
- 브랜드 블로그 월 10건 포스팅 - 이벤트 운영 1건 - 페이스북 카드뉴스 4건 - 네이버 파워링크 운영 - 성과분석	

한 달에 마케팅 예산을 400만 원 사용하는 중소기업을 예로 보자. 겉으로 보기에는 인하우스 마케터가 진행하는 것과 대행사에 의뢰했을

때 동일한 결과가 도출되는 것처럼 보인다. 하지만 여기에는 전문성, 퀄리티, 대체 가능성, 노출효율 등 숨은 요소가 있다.

  예시에 있는 마케팅을 진행하기 위해서는 적은 금액이지만 분야별 전문성이 필요하다. 마케팅 전략을 수립할 수 있는 지식, 실행 및 운영을 위한 기획력, 전달력 높은 콘텐츠 제작을 위한 디자인 그리고 만들어진 콘텐츠를 노출시키기 위한 매체 인프라, 성과 분석을 위한 분석 도구 운영 노하우 등 다양하다. 일반적인 마케팅 대행사라면 조직적으로 위와 같은 역량들을 보유하고 있기 때문에 효율적인 마케팅 진행이 가능하다. 하지만 마케터 한 명이 이러한 역량을 모두 갖출 가능성은 높지 않다. 결국 마케팅 예산이 많지 않고, 채용할 수 있는 담당자가 한두 명 정도라면 대행사의 퍼포먼스를 마케터 개인이 따라오기에는 분명히 한계가 있다. 만약 대행사가 원하는 퍼포먼스를 만들어 내지 못한다면 다른 대행사를 탐색해서 새롭게 시작할 수 있다. 하지만 인하우스 마케터가 퍼포먼스를 만들어 내지 못한다면 그 회사의 경영진은 새로운 고민 하나가 추가될 것이다.

〈월 마케팅 예산 1억 원〉

인하우스 마케터	대행사
- 월 급여: 500만 원 / 4명 - 매체비: 1,000만 원 - 대행사: 7,000만 원	- 인스타그램 인플루언서 100명 섭외 및 노출 - 바이럴 영상제작 및 유튜브 노출 - 애드네트워크 활용 배너 노출 - 페이스북 다이나믹 광고 - 성과분석
- 브랜드 블로그 월 50건 - 이벤트 운영 5건 - 페이스북 카드뉴스 20건 - 네이버 파워링크 운영 - 대행사 관리 - 성과분석	

마케팅 예산이 증가하면 마케터와 대행사의 역할은 명확하게 달라진다. 적은 예산에서는 대행사가 할 수 있는 일을 대부분 인하우스 마케터가 수행할 수 있지만, 예산이 증가할수록 대행사에서만 할 수 있는 업무가 많아진다. 이때부터 인하우스 마케터는 커뮤니케이션 비용이 많이 들어 대행사에 맡기고, 효율이 떨어지는 브랜드 블로그 관리, 페이스북 페이지 관리, 언론홍보 등을 담당하고 대행사 관리에 집중하게 된다. 대행사는 광고주가 직접 진행할 수 없는 다양한 형태의 마케팅을 집행하고 성과를 보고하게 된다.

예산이 커질수록 마케터가 효율을 높일 방법은 다양해진다. 대행사의 비합리적인 예산을 절감하여 효율을 높이거나, 전문적인 지식과 대행사의 협업으로 매출을 1%라도 높일 수 있다면 경영진이 인하우스 마케터의 인건비를 아까워하는 상황은 발생되지 않을 것이다.

일반적으로 소규모일 때는 멀티플레이어 마케터가 없다면 대행사에 맡기는 것이 효율적이다. 그리고 예산이 증가할수록 전문성이 높은 마케팅 팀을 구축하여 대행사에게 책정된 불필요한 마케팅 비용을 최소화하고 대행사와 협업하여 매출을 성장시키는 데 집중하는 것이 중요하다. 인하우스 마케터와 대행사 중 어느 것이 옳은 선택인지 완벽하게 답할 수 없다. 하지만 가장 중요한 부분은 비용 투입 대비 효율이다.

팀 빌딩&마케터 채용 시 스타트업이 흔히 하는 실수

기업이 매출을 발생시킬 방법은 업종에 따라 다르다. B2C 업종이라면 광고를 통해 성장하며, B2B(G) 업종이라면 영업을 통해 성장한다. 기업이 성장하기 위해서는 결국 회사 내부에 마케팅 전문가가 필요하다. 하지만 최근 스타트업의 팀 빌딩 구조 또는 중소기업의 마케팅 담당자 채용 과정을 보면 당황스럽다. 디자이너, 기획자, 개발자, CFO 등을 채용할 때는 경력과 포트폴리오를 꼼꼼하게 보지만, 마케터를 채용할 때는 '젊은 대학생이 잘하겠지' '시간 남는 자네가 해보게' '취미로 블로그 좀 해봤으니까 마케팅을 잘할 수 있겠지'라는 이유로 채용이 이루어지기 때문이다. 마케팅 분야에 자격증은 없지만 시장에는 전문가가 존재한다. 기업의 매출을 높이고 싶다면 젊은 센스 있는 대학생 아무나가 아닌 마케팅 전문가가 사내에 필요하다.

STEP 02

퍼포먼스를 높이기 위한 디지털 마케팅 구조 설계

1
성장하는 기업의
올바른 구조

성공하는 기업의 마케팅 노하우를 이해하기 위해서는 먼저 그들이 어떠한 과정을 통해 성장했는지 파악하는 것이 중요하다. 대다수의 소비자와 예비 창업자들은 잘나가는 기업들이 갑자기 성장했다고 생각한다. 어느 날 주위를 둘러보니 사람들은 '직방'을 통해 원룸을 알아보고 있고, '배달의 민족'을 통해 음식을 주문하며, '더 반찬'을 통해 반찬을 주문하고 있다. 그러한 기업들을 보면서 '간단한 아이디어로 서비스를 만들어서 갑자기 큰돈을 벌고 있네, 나도 한번 해볼까?'라고 생각하는 것이다. 물론 언급한 기업들은 J커브를 그리고 빠르게 성장한 기업들이다. 그렇다면 그들은 창업하자마자 바로 성장하였을까?

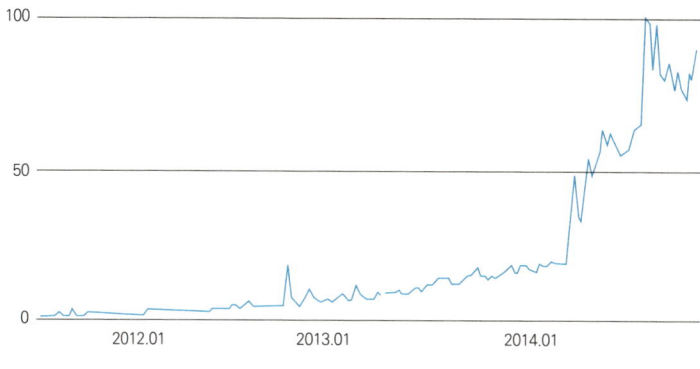

● 배달의 민족

　실제 성공한 스타트업 또는 비즈니스가 론칭 이후 몇 주 만에 갑자기 성장하는 경우는 없다. 소비자 또는 우리에게 타 기업의 성장이 갑작스러운 성장으로 보이는 이유는 이미 그 서비스가 성장한 이후에 처음 보았기 때문이다. 우리가 알고 있는 대부분의 유명 기업들은 창업 이후 몇 개월 만에 성장한 것이 아니라 오랫동안 J커브를 만나기 위해 끊임없이 노력해 왔고, 시장에서 성장할 수 있는 역량을 갖추게 되어 지금의 모습으로 성장하게 된 것이다. '배달의 민족'은 2011년 창업하였고, '티켓몬스터'는 2010년 창업하였다. '비트코인'도 2010년 처음으로 실물 거래가 이루어졌다. 마케팅을 통한 기업의 성장을 고민하는 우리가 가장 관심 있게 보아야 할 부분은 성공한 기업이 J커브 지점에서 어떠한 활동을 했는지가 아니다. 이를 벤치마킹하기 전에, 대부분의 기업은 실패하는데 성공한 기업은 어떤 전략과 누적된 데이터를 통해

J커브 지점을 만나게 되었는가 그리고 그 이후 지속적으로 성장할 수 있었는지 구조를 이해하고 학습하는 것이 중요하다.

마케팅의 성공은 CAC〈LTV

∙ ∙

파란색 곡선은 경영학의 핵심 이론 중 한 가지인 PLC(Product Life Cycle) 곡선이고, 붉은색은 비용 그래프이다. 대부분의 기업은 론칭 이후 투입되는 비용보다 수익이 낮기 때문에 A 면적만큼의 적자가 발생하게 된다. 사업을 성공한다는 것, 마케팅이 성공적으로 이루어졌다는 것은 투입되는 비용보다 이익이 커지는 지점을 알게 되었다는 것이다. 재미있는 부분은 그 지점을 만나게 되어도 월(또는 주) 단위 이익지점이기 때문에 실제 그동안 매립한 비용을 복구하는 BEP(Break Even Point) 지점은 이후에 만나게 된다. 그리고 사업을 크게 성공한다는 것은 투입 비용과 매출의 격차가 더 많이 벌어지고 누적되는 이후의 시점이 된다. 본질적으로 비즈니스를 성공으로 끌어내기 위해서는 어떻게 하면 마케팅 비용은 낮추면서 매출은 높일 수 있을지부터 고민해야 한다.

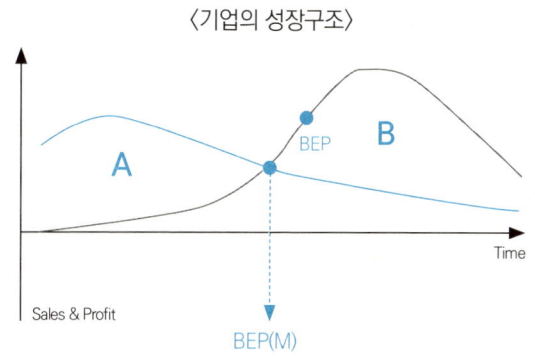

〈기업의 성장구조〉

성공하는 마케팅의 핵심에는 고객획득비용(CAC: customer acquisition cost)과 고객생애가치(LTV: lifetime value)에 대한 철저한 분석이 숨어 있다. 즉 우리 서비스에 고객을 한 명 데려올 때 들어가는 비용과 방문 고객 한 명당 평균 얼마의 매출을 발생하느냐를 측정해 낼 수 있다면, 마케팅 성과에 대한 명확한 분석 기준을 마련할 수 있다. 비즈니스의 성공은 CAC보다 LTV를 높이는 순간부터 시작된다. 사업을 성공시킨다는 것은 CAC<LTV 지점을 찾았다는 것이다. 마케터가 해야 할 일은 어떻게 하면 CAC를 낮추고 LTV를 높일지 고민하는 것이다.

〈CAC, LTV에 따른 ROI 분석〉

기업	마케팅 예산	CAC	LTV	매출
A	1천만 원	50,000	40,000	200명 구입 8,000,000
B	1천만 원	10,000	80,000	1,000명 구매 80,000,000

CAC를 낮추고 LTV를 높이면 동일한 마케팅 예산으로도 10배 이상의 성과를 만들어 낼 수 있다. 동일한 1천만 원의 예산을 투입한다고 가정한다면 CAC가 5배 효율적이고, LTV가 2배 차이 난다면 10배의 매출 차이를 만들 수 있다. 드문 경우지만 스타트업이 중견기업 또는 대기업을 이기고 성장하는 사례를 볼 수 있을 것이다. 그 내면에는 CAC와 LTV에 대한 숫자가 숨어 있다. 고도화 및 효율화를 통해 작은 예산으로도 수십 배의 퍼포먼스를 만들어 낸 것이다.

〈LTV에 따른 마케팅 방법〉

CAC 범위	0~19,999원	LTV	20,000원

* 가능한 마케팅
- 회원가입 시 2만 원 상품이 100원
- 회원가입만 해도 포인트 1만 원
- 친구 추천 시 1만 원 문화상품권 제공
- 회원가입 시 영화관람권 2매 즉시 증정
- 기타

'회원가입만 하면 5천 원 쿠폰 적립', '회원가입 시 2만 원 상품이 100원' 등 얼핏 보기에는 회원 수가 늘어날수록 적자가 누적될 것 같은 마케팅을 본 경험이 있을 것이다. 하지만 이런 마케팅에도 CAC와 LTV가 숨어 있다. 예를 들어 LTV가 2만 원이라면 19,999원까지는 소비자에게 제공하여도 결국은 이익이 되는 것이다. 이러한 분석이 준비되었다면 회원가입 시 1만 원 즉시 입금, 친구 추천 시 영화관람권 2매 즉시 증정 등 경쟁자와 명확하게 차별화되고 소비자에게 매력을 어필할 수 있는 다양한 프로모션을 진행할 수 있게 된다. 만약 타 기업의 파격적인 프로모션을 보고 데이터에 대한 분석 없이 벤치마킹한다면 정말 회원이 늘어날 때마다 적자 폭이 커지는 가슴 아픈 경험을 할 수 있다.

수익을 극대화하는 방법

CAC<LTV 지점을 찾는 것이 기업 성장의 첫 단계이지만, 그 단계를 넘었다고 해서 모든 기업이 높은 수익을 창출하며 성장하는 것은 아니다. 어떤 기업은 효율이 점점 높아지며 J커브를 그리는 반면, 어떤 기업은 매출 대비 비용이 비례해서 올라가며 매출은 커지지만 수익률은 변하지 않은 상황을 경험하게 된다. 지금부터 J커브를 만들어 갈 수 있는 마케팅 방법에 대해 소개하겠다.

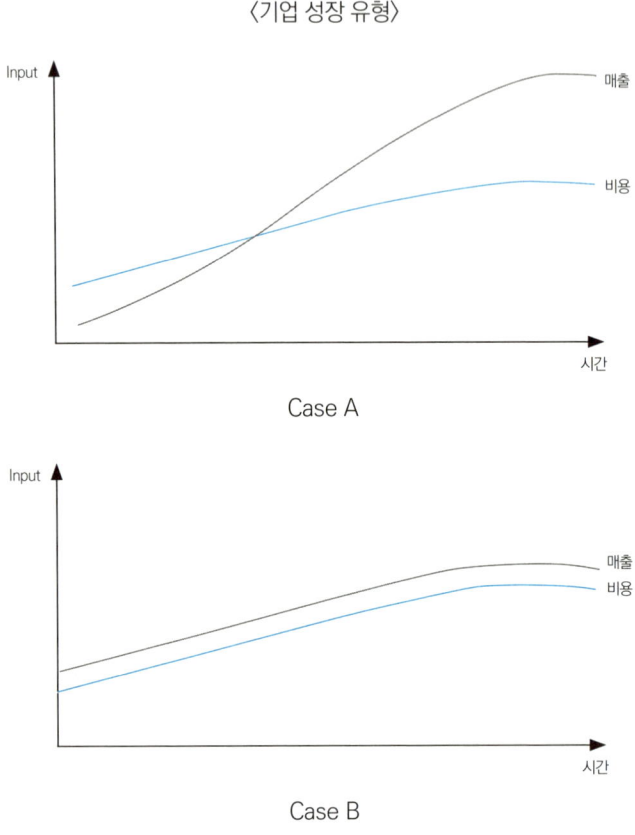

⟨기업 성장 유형⟩

Case A

Case B

　수익률을 높일 수 있는 첫 번째 방법은 소비자를 Lock-in시키는 것이다. 소비자는 일단 어떤 상품 또는 서비스를 이용하기 시작하면 다른 유사한 상품 또는 서비스로의 수요 이전이 어려워진다. 이를 Lock-in Effect라고 한다.
　일반적으로 경쟁사에서 우리 회사로 소비자를 뺏어 오려면 경쟁사가 제공하는 가치의 최소 3배 이상을 제공해야 넘어온다고 한다. 이는 사람들이 갖고 있는 '기존의 행동 방식'을 유지하려는 성향 때문이다. 새로운 소비자를 유입하며 CAC만큼의 비용을 추가 지출하는 것보다 기존 고객을 대상으로 추가로 마케팅을 진행하는 것이 훨씬 효율적이다. 소비자를 Lock-in시키는 가장 간단한 방법은 마일리지, 멤버십, 커뮤니티 구축 등이 있다.

두 번째 방법은 재구매와 입소문이다. 동일한 1만 원짜리 제품이어도 한 달에 한 번 다시 구매되는 제품과, 1년에 한 번 다시 구매되는 제품의 매출은 12배 차이가 난다. 그리고 구매한 소비자가 주변 지인들에게 입소문(바이럴)을 내기 시작하면 그 효율의 차이는 몇십 배 발생할 수 있다. 재구매와 입소문은 제품이나 서비스의 특성에 의해 한계가 있을 수 있지만, 마케터는 두 가지 지표를 높이기 위해서 끊임없이 고민해야 한다.

〈재구매 유무에 따른 매출 차이〉

A기업	B기업
재구매 주기: 1년 상품단가: 1만 원 고객 수: 1천 명 연매출: 1천만 원	재구매 주기: 1개월 상품단가: 1만 원 고객 수: 1천 명 연매출: 1억 2천만 원

재구매를 높일 수 있는 가장 기본적인 방법으로는 제품별 고객의 구매 주기를 분석하여 재구매 시기가 왔을 때 문자, 이메일, 푸시알림 등

의 방법으로 고객에게 알람을 제공하는 것이다. 추가로 할인 쿠폰 또는 재구매 누적 횟수에 따라 증가하는 할인율을 제공한다면 재구매율을 높임과 동시에 경쟁사로 이탈되는 소비자를 방지할 수 있다. 구매 패턴이 일정하고, 지속성이 있는 경우 비즈니스 모델을 Subscription commerce 형태로 바꿀 수 있다. '롯데렌탈 묘미'의 경우 마스크 팩 정비 배송 서비스를 운영하고 있으며, '쿠팡'도 특정 제품에 한하여 정기 배송을 운영하고 있다. 스타트업 기업인 '돌로박스'의 경우 월 일정 금액을 지불하면 반려견을 위한 장난감, 사료 등을 배송해 주고 있다.

'친구 추천 시 5,000포인트 즉시 지급' 등의 프로모션은 입소문 지표를 높이기 위해 가장 많이 사용되는 방법이다(물론 CAC가 5,000원 이상일 때 효율이 발생한다). SNS 송출 버튼을 웹 사이트 또는 앱의 구석구석에 배치하여 주변 지인들에게 서비스를 자연스럽게 알리게 하는 방법도 있다.

기본적으로 입소문과 재구매는 서비스 또는 제품의 질이 매우 좋다면 자연스럽게 이루어진다. 하지만 소비자가 예상보다 스스로 움직이지 않는다면 효율을 높이기 위해 소비자가 자연스럽게 입소문 및 재구매 활동을 할 수 있도록 다양한 마케팅 장치를 활용하여 넛지를 만들어 내는 것이 중요하다. 참고로 '넛지(nudge)'는 원래 '(특히 팔꿈치로) 슬쩍 찌르다', '주의를 환기시키다'라는 뜻의 영단어로 미국 시카고대의 행동경제학자 리처드 세일러(Richard H. Thaler)와 법률가 캐스 선스타인(Cass R. Sunstein)이 공저한 《넛지(nudge)》란 책을 통해 널리 알려졌다.

투자, 정부지원, 보고의 핵심지표 CAC와 LTV

∴

　스타트업 투자 유치 현장이나 기업 내부 회의 자리에서 가장 공을 들여 설득해야 할 때는 바로 '과연 그게 될까?'라는 질문 앞에서다. 화려한 그래프와 다양한 시장 데이터를 기반으로 논리를 펼쳐 나가지만 실제로 기획한 모델이 작동될지 그리고 수익으로 이어질 가능성에 대해서는 발표자나 심사자 모두 그들의 '경험'과 '감'에 의지할 뿐이다. 하지만 CAC와 LTV 지표가 있다면 이러한 상황을 명쾌하게 설명하고 승자가 될 수 있다.

〈IR 방식의 차이〉

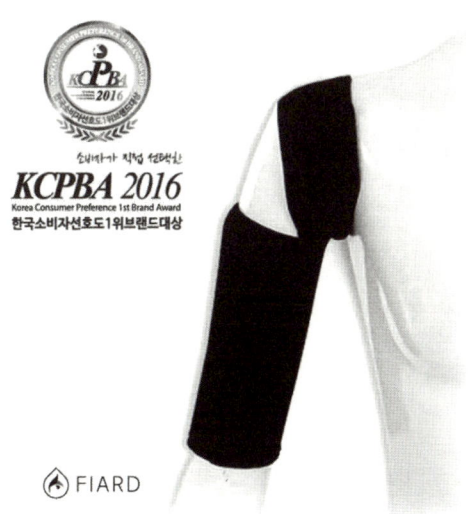

팔뚝 살 다이어트 밴드

설득방식	설득논리
A	- 국내 다이어트 시장 규모 7조 원 - 20~30대 여성 타깃 - 다이어트에 대한 관심도 증가 - 설문조사 시 90% 구입 의사 밝힘 - 관련 분야 전문가가 창업 - 10억 투자 요청
B	- 국내 다이어트 시장 규모 7조 원 - 20~30대 여성 타깃 - 관련 분야 전문가가 창업 - **CAC 300원〈LTV 10,000원 구조** - **10억 투자요청(마케팅 및 제조)** - **마케팅 비용 3억 투자 시 100억 매출 가능**

투입되는 자원 대비 퍼포먼스에 대한 수치가 있다면 비전에 대한 설득력이 높아진다. 구구절절 시장 규모와 설문조사 결과를 이야기하는 것보다 현재 CAC 300원, LTV가 10,000원인 상황이니, 마케팅 비용에 3억 원을 투입하면 매출이 100억까지 성장할 수 있다고 말하는 것이 훨씬 논리적이다. 최근 성공적으로 투자받은 기업의 IR 자료를 살펴보면 대부분 다양한 표현 방법을 통해 CAC와 LTV를 표현하고 있고 그 논리를 기초로 기업의 비전을 제시하고 있다. 만약 정부 지원 사업, 투자 유치 또는 새로운 사업에 대해 설득해야 하는 상황이라면 이 지표를 활용해 보자.

기업은 절대 한 번에 성장하지 않는다. 기업을 성장시키기 위해서는 투입되는 비용 대비 산출을 높이기 위한 끊임없는 노력이 필요하다.

노력의 시간은 몇 년에서 길면 10년 이상이 걸릴 수도 있다. 또한 안타깝게도 노력만 한다고 모든 기업이 성공하는 것은 아니다. 결국 성장한 기업은 숫자를 기반으로 창의적이고 집요한 노력을 통해 대부분의 사람들이 달성하지 못한 CAC〈LTV 지점을 찾게 된다. 그리고 수익성을 높이기 위해 더 효율적인 방향을 찾아가게 되며, 기업가가 마주치게 되는 효율의 한계가 기업 성장의 한계를 정의하게 된다.

놀라운 결과의 뒤에는 '그럴 만한 이유'가 반드시 존재한다

컨설팅 일을 하며 마케팅을 통해 '대박'을 이루어 낸 사람들을 많이 만난다. 산업 업계를 대표하는 기업의 경영진이나, 수백억대의 자수성가 사업가들과의 인연이 있다. 이들 중 자신의 마케팅이 운 좋게 일어난 '대박'이라고 생각하는 사람은 거의 없다. 그런 사람들이 간혹 있다 하더라도 실력 이상의 자리에 있는 사람들은 자리를 오래 지키지 못하고 내려온다. 대학생 시절 나도 수십 억대의 매출을 만들어 낸 경험이 있었다. 하지만 그 매출이 어떻게 발생했는지 정확히 이해하지 못했기 때문에, 나는 항상 불안 속에 있었다. 그때 나는 알게 되었다. 실력이 없으면 대박의 기회가 눈앞에 찾아와도 기회를 키울 수 있는 것이 아니라 그냥 흘려보내 버린다는 것을.

2
마케팅 성공을 결정하는 4가지 변수

마케팅을 통해 매출을 높이고 싶다면, 먼저 매출은 어떠한 변수에 의해 증감하는지 구조를 파악하는 것이 우선이다. 퍼포먼스 마케팅을 특정 변수만을 이용하여 공식화하는 것은 불가능하지만, 이제 막 마케팅에 대한 공부를 시작하는 마케터들의 이해를 돕고자 우리는 마케팅의 결과를 결정하는 4가지 변수를 정의하고 이를 통해 쉽게 설명하고자 한다. 매출은 크게 4가지 변수에 의해 좌우된다. 마케터의 주요 업무는 4가지의 변수 통제를 통해 CAC를 낮추고 LTV를 극대화하는 것이다.

〈퍼포먼스 마케팅의 성공을 결정하는 4가지 변수〉

프레임 × 제품 매력 × 노출효율 × 콘텐츠 = 매출

No.	변수	내용
1	프레임	제품에 대한 소비자의 관점
2	제품 매력	소비자에게 제공할 수 있는 제품 또는 서비스의 가치
3	노출효율	타깃 소비자에게 최소한의 비용 투입으로 최대한의 콘텐츠 노출
4	콘텐츠	제품 또는 서비스 가치의 표현 정도

4가지 변수를 이해한다면 마케팅 효율을 극대화시킬 수 있다. 이해를 돕기 위해 배달 전문 치킨 매장 두 곳의 마케팅 사례를 살펴보자.

A매장: 은퇴 후 배달 전문 치킨 매장을 창업한 김○○ 씨는 창업 후 배달 주문을 늘리기 위해 전단지와 현수막에 각각 50만 원, 총 100만 원의 광고비를 집행했다. 다음 달 매출 500만 원이 발생하였고 별다른 대안이 없는 김 사장은 그 다음 달에도 동일하게 마케팅 비용을 지출하여 매출 500만 원을 유지할 수 있게 되었다.

B매장(4가지 변수 적용): 평소 외식업에 꿈이 있던 정○○ 씨는 치킨 제조법을 연구하여 배달 전문 치킨 매장을 오픈하였다. 창업 후 배달 주문을 늘리기 위해 전단지와 현수막에 각각 50만 원, 총 100만 원을 집행하였고, 월 500만 원의 매출이 발생했다. 첫 달 마케팅 이후 노출 효율을 높이기 위해 주문 전화가 올 때마다 전단지 현수막 중 어떤 매체를 보고 주문했는지 분석하였고, 전단지를 통한 매출이 80% 이상임을 확인하였다. 다음 달 전단지에 100만 원을 집행하여 월 800만 원으로 매출이 증가하였다. 다음 달엔 제품 가치와 콘텐츠 변수를 높이기 위해 신 메뉴인 치즈폭포치킨 개발하고 전문 작가를 섭외하여 전단지 사진을 재촬영하였다. 경쟁 치킨 매장보다 맛있어 보이는 사진과 새로운 메뉴 덕분에 매출은 월 1,000만 원까지 오르게 되었다.
매출 성장에 한계를 느낀 정 사장은 치킨에 대한 관점을 바꿔 보기로 결심한다. 살찌는 야식이라는 이미지를 없애기 위해 튀기지 않고 굽는 메뉴를 개발하였고, 다이어트에 도움이 될 수 있는 메뉴로 포지셔닝 전략을 수립하였다. 이 주일에 한 번 치킨을 시켜 먹던 고객들은 치킨을 식사로 인식하게 되었고 주 1회 시켜 먹게 되어 매출은 월 1,500만 원까지 오르게 되었다. 변수를 조정하여 매출을 높이는 것의 중요성을 인식한 정 사장은 성공에 안주하지 않고 네 가지 변수를 끊임없이 개선하여 월 매출 2,000만 원 수준의 대박 매장을 만들게 되었다.

〈정 사장의 4가지 변수〉

No.	변수	Before	After
1	프레임	살찌는 야식	다이어트 음식
2	제품 매력	양념, 후라이드	치즈폭포치킨
3	노출효율	전단지, 현수막	전단지
4	콘텐츠	일반 사진	전문가 사진

4가지 변수를 적용한다면 일반적인 치킨 배달 전문점도 매출 발생 구조를 이해하고 변수를 고도화하여 퍼포먼스를 극대화할 수 있게 된다.

많은 기업이 우리 회사의 마케팅이 어떤 지점에 문제가 있고, 어떠한 방향으로 개선해야 하는지 방향조차 잡기 어려워하고 있다. 그렇다 보니, UI/UX만 개선하거나 '이 느낌이 아닌데' 식의 커뮤니케이션만 반복되고 있다. 4가지 변수를 활용한 마케팅의 가장 큰 특징은 측정 및 고도화가 가능하다는 것이다. 현재의 상태를 측정할 수 있다면 개선해야 할 방향을 명확히 확인할 수 있고 지속적인 노력을 통해 성장할 수 있다.

3
4가지 마케팅 변수 실무 적용법

1) 프레임 고도화: Framing

고속도로를 달리고 있는데 앞차 뒷면에 초보운전 표시와 함께 '까칠한 아이가 타고 있어요'라는 스티커가 붙어 있다. 조금 더 운전하다 보니 다른 차에는 '위급 시 아이 먼저 구해 주세요, 혈액형은 B형입니다'라는 문구의 스티커가 부착되어 있다. 아이가 타고 있으니 주의해 달라는 메시지를 전달하기 위한 동일한 목적의 스티커이지만, 어떤 프레임으로 소통하는가에 따라 전혀 다른 느낌을 준다.

우리의 제품 또는 서비스를 소비자가 가치 있게 인식하기 위한 프레임을 제공하고, 소비자가 반응하는 방향으로 지속해서 고도화하는 것이 프레이밍 활동이다.

2016 COEX FOOD WEEK
"대한민국 하반기 최고의 프리미엄 식품박람회"

2017 COEX FOOD WEEK
"100가지 음식체험 국내 최대 푸드페스티벌"

코엑스 주최 하반기 국내 최대 식품산업 전시회인 FOOD WEEK 의 경우에도 2017년 새로운 프레임을 적용하며 전시회를 성공적으로 마무리하였다. 2030 젊은 고객을 효과적으로 유치하기 위한 전략으로 전시회를 '100가지 음식 체험이 가능한 국내 최대 푸드 페스티벌'로 프레이밍하였고 젊은 층의 높은 호응을 얻었다. 업계 관계자들만 참여하는 식품 산업전이 아닌, 2030세대가 좋아하는 먹거리와 놀 거리가 가득한 푸드 페스티벌로 프레이밍하여 거둔 성과인 것이다. 전시회가 갖고 있는 다양한 요소와 추구하는 가치를 어떠한 프레임으로 바라보게 하느냐에 따라 전시회의 가치는 굉장히 달라질 수 있다.

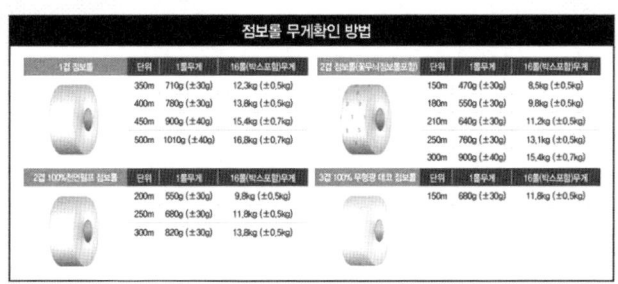

〈'착한화장지' 캠페인 중 '정량 정책'〉

론칭 3년 만에 화장지 쇼핑몰 분야에서 1위로 성장(랭키닷컴 2017년 2월 기준)한 '착한화장지'도 새로운 프레임을 소비자에게 제시하여 성장하였다. 기존 화장지 시장의 플레이어들이 저렴한 가격을 강조하여 마케팅을 진행할 때, '착한화장지'는 '고객의 행복을 책임지는 파트너'라는 프레임으로 접근하였다. 실제 고객의 행복을 책임지기 위한 방법으로 '길이를 속이지 않는 정량 정책, 일부 제품 최저가 보장 제도'를 강조하였고, 고객의 이익을 극대화하여 단기간에 큰 성장을 거두었다.

기업이 소비자에게 제공하고자 하는 가치로부터 시작된 프레임에 고객이 공감할 때 기업의 가치가 극대화되고 소비자는 브랜드를 사랑하게 된다.

2) 제품 매력 고도화: Funnel

성공하는 마케팅의 기본 전제는 '좋은 제품'이다. 제품이 좋지 않다면 지상파 방송에 10번 이상 광고가 되어도 단 하나도 판매되지 않을 수 있다. 광고를 열심히 한다고 해서 소비자가 힘내라고 제품을 구입해 주지는 않는다. 결국 소비자는 본인이 지불하는 현금 이상의 가치를 제공하는 제품을 구입한다.

마케팅 기본 이론인 4P MIX에도 제품 변수가 있다. 마케터는 우리의 제품을 마케팅 관점에서 어떻게 고도화할지 연구를 지속적으로 해야 한다. 하지만 우리 회사에서 개발한 제품 또는 서비스를 더 좋은 방향으로 개선하는 것은 어려운 일이다. 대부분 론칭을 준비할 때는 시장조사 및 제품 개선에 많은 자원을 투입하지만, 론칭 이후에는 여러 가지 이유로 론칭 전보다 제한된 자원으로 제품을 개선해야 하는 경우가 많다. 그렇다 보니 많은 기업에서 몇몇 소비자를 인터뷰하거나, 댓글을 분석하고, 내부 회의를 통해 제품 고도화를 진행하는 경우가 많다. 하지만 대부분 실패로 이어진다. 이번에는 적은 예산과 약간의 데이터 추출만으로 제품을 개선하고, 더 명확한 개선 방향을 도출할 수 있는 기본적인 방법에 대해서 알아보자.

✓ **제품 매력 고도화의 기초 AARRR**

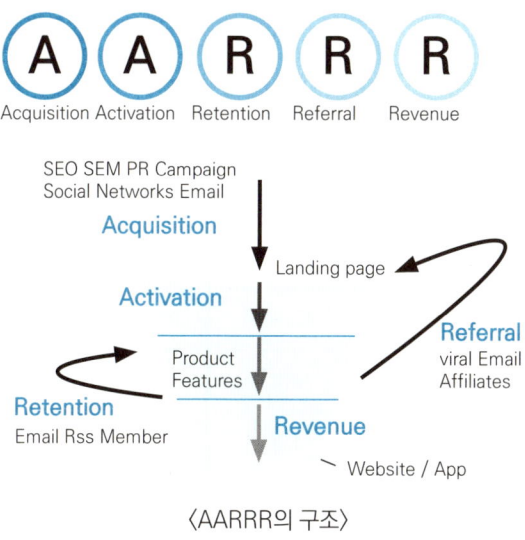

〈AARRR의 구조〉

출시된 제품 중 모든 구성이 잘못된 경우는 많지 않다. 다만 일부에 문제가 있을 뿐이다. 마케터가 해야 할 첫 번째는 제품 또는 서비스의 다양한 구성 중 어떤 부분이 잘못되었는지 또는 어떤 부분이 압도적으로 가치가 높은지를 파악하고, 해당 부분을 보완 및 고도화하는 것이다. 이때 필요한 것이 AARRR 분석이다. 일명 Funnel(깔때기) 분석이라고도 이야기하며 그로스해킹의 대표적인 도구로도 활용되는 방법이다. AARRR은 소비자가 제품을 처음 만나는 순간부터 구매 및 재구매하는 순간까지의 경로를 단계별로 나누어 가시화하는 것이다. 경로를 가시화하게 되면 사용자가 어떤 단계에서 급증하는지, 또는 이탈하는지를 알 수 있고, 해당 단계를 개선하는 방향으로 제품 매력을 높일 수 있다.

Funnel	A: 온라인 쇼핑몰		B: 오프라인 음식점	
	Step	Data	Step	Data
1	쇼핑몰 방문(일)	1,000명	유동인구(일)	1,000명
2	상세페이지 조회	900명	매장방문	20명
3	회원가입	180명	착석	19명
4	구매	150명	주문	5명
5	재구매	3명	재구매	4명
6	바이럴	1명	바이럴	4명

〈Funnel 구성의 예시〉

Funnel 분석은 거의 모든 업종에 적용해 볼 수 있다. 우리 회사의 업종 형태에 따라 소비자의 행동 프로세스를 정리하고, 단계별 데이터를 넣어 보면 어떤 지점에 강점이 있고, 어떤 지점에 문제가 있는지를 매우 쉽게 발견할 수 있다.

온라인쇼핑몰(A)의 경우 일 방문자 1,000명 대비 구매자가 150명으로 구매전환율이 15%이다. 일반적인 E-commerce의 구매전환율이 3~7%임을 감안해 보았을 때 15%면 매우 높은 수치이다. 하지만 150명의 구매자 중 재구매 및 바이럴은 2% 이하로 매우 낮은 수치이다. 간단한 분석만으로도 온라인 쇼핑몰(A)의 강점과 약점이 확인되었다. 마케터가 해야 할 일은 자사의 핵심 강점인 구매전환율을 더 높이고, 재구매와 바이럴 향상을 위한 서비스 개선 및 다양한 프로모션을 기획하는 것이다.

오프라인 음식점(B)에서는 두 가지 의미 있는 데이터를 발견할 수 있다. 첫 번째는 테이블에 착석한 고객 대비 주문까지 연결이 잘 이루어지지 않는다는 것이고, 두 번째는 구매한 소비자의 80%가 재구매 및 바이럴로 연결된다는 점이다. B사는 착석 대비 주문이 떨어지는 원인이 될 수 있는 메뉴의 시각화, 직원의 서비스, 가격 등을 보완한다면 높은 재구매와 입소문으로 LTV가 극대화되어 큰 성공을 거둘 수 있을 것이다.

두 가지 사례를 통해 간단히 분석해 본 바와 같이, 우리는 제품 또는 서비스의 이용 프로세스를 단계별로 데이터를 추출하여 시각화함으로써 자사의 강점과 약점을 쉽게 파악할 수 있다. 매출이 낮은 기업에도 유사 업종 대비 의미 있는 강점이 있을 수 있고, 그 지점을 집중적으로 강화한다면 성공으로 이어질 수 있다.

✓ 지속적으로 개선하고 AARRR로 측정하기

AARRR 분석이 익숙해졌다면, 마케터가 해야 할 일은 끊임없이 개선하고 그 효과를 확인하는 것이다. 자본금 1,000만 원으로 시작해 10개월 만에 연 매출 23억을 달성하고 M&A로 이어진 소셜커머스 '반토막티켓'의 사례를 살펴보자.

〈하루 1개 24시간 → 하루 1개, 72시간(일 3개 상품 노출)〉

UV와 PV 그리고 구매전환율을 핵심 분석 지표로 정의하고 다양한 실험을 하던 '반토막티켓'의 경영진은 새로운 고민에 빠지게 되었다. 하루에 한 가지 서비스를 판매하는 소셜커머스 모델의 구조적인 단점을 발견하게 된 것이다. 매일매일 새로운 상품을 소싱해야 하고, 몇 개의 상품만 실패해도 매출에 큰 타격을 입기 때문에 구성원들의 스트레스가 점점 높아지고 있었다. 하지만 하루에 한 가지 서비스를 50% 할인된 가격에 소비자에게 선보이는 서비스의 특성상 구조를 변경하기에도 어려움은 있었다. 그러던 중 다수의 고객으로부터 '상품을 어제 못 샀는데, 혹시 오늘 추가로 구매할 수 있나요?'라는 요청을 받게 되었고, 하루 한 가지 상품을 24시간만 제한적으로 판매하는 구조를 한 상품당 판매시간을 72시간으로 조정하는 실험을 진행하게 되었다. 하루에 하나씩 72시간 기준으로 상품을 업데이트하다 보니 상품이 중복 노출되는 구조가 발생하여 소비자에게는 하루에 세 개의 상품이 노출되었다.

	9월	전환율	10월	전환율
Unique View	247,908	–	344,020	–
Page View	793,305	3.2배	1,376,078	4.1배
구매(UV 대비)	4,124	1.6%	10,751	3.2%
매출	92,568,100	–	208,411,300	–

〈소셜커머스 '반토막티켓' AARRR 분석자료〉

실험 초기에는 하루 한 가지를 24시간만 판매하는 소셜커머스 모델의 본질을 파괴한다는 우려의 목소리도 있었지만, 데이터를 통해 걱정은 쉽게 해소되었다. 상품 판매 시간을 높인 후 1개월 만에 월 매출은 2배 이상 성장하였고, 구매전환율 또한 2배 성장하였다.

AARRR을 활용한 제품 고도화의 핵심은 개선과 측정이다. 단계별 데이터를 통해 현재 상황을 명확하게 분석할 수 있고, 제품이 개선될 때마다 변경되는 지표를 확인하여 새로운 개선의 성패를 즉시 판단할 수 있다. 물론, 대부분의 개선 작업은 실패로 이어진다. 하지만 지속적인 도전과 개선으로 성공을 누적시킨다면 타깃시장에서 가장 경쟁력 있는 플레이어가 될 수 있을 것이다. 《보랏빛 소가 온다》에서 세스 고딘이 이야기하는 'Remarkable한 제품도 결국은 한 번에 만들어지는 것이 아니라 지속적인 개선과 측정을 통해 이루어지는 것이다. 엣지 있는 제품도 갑작스러운 아이디어로부터 비롯된 것이 아니라 지속적인 측정과 개선에 의한 산물임을 기억해야 한다.

3) 노출효율 극대화: 미디어 서베이(Media Survey)

마케팅을 구성하는 4가지 변수 중 가장 쉽게 그리고 단기간에 마케팅 효과를 높일 수 있는 것이 노출효율 극대화이다. 고객의 구매 의사결정에 가장 큰 영향을 미친 매체를 분석하고 해당 매체를 고도화하는 작업인 미디어 서베이는 채널별 비용 투입 대비 산출을 높여 마케팅 퍼포먼스를 극대화하는 과정이다. 어떤 채널이 유입 및 구매 결정에 영향을 미쳤는지를 분석하고, 효율이 높은 매체를 중심으로 채널 전략을 수정한다면 바로 다음 달부터라도 매출이 급증하는 경험을 할 수 있다.

✓ 미디어 서베이 1단계: 유입경로 분석 도구 설치

미디어 서베이 실무의 첫 단계는 유입 채널을 확인할 수 있는 분석 도구를 설치하는 것이다. 구글애널리틱스 또는 자체 개발된 로그 분석 솔루션이 있다면 매우 쉬운 일이 될 수 있지만, 그렇지 않은 경우에는 다음의 사례들을 참고해서 분석 장치를 만들어 볼 수 있다.

① 온라인·모바일 서비스

대부분의 온라인 및 모바일 서비스에는 기본적으로 유입경로 분석 솔루션이 구축되어 있고, 구글애널리틱스 등 외부 솔루션도 간단하게 설치할 수 있다. 하지만 고객에 대한 정확한 분석을 하기 위해서는 추가적인 설정을 해야 하는데, 분석에 친숙하지 않은 마케터에게는 다소 어려울 수 있다. 그렇기 때문에 미디어 서베이를 시작하는 마케터에게는 아래 방법을 추천하고자 한다.

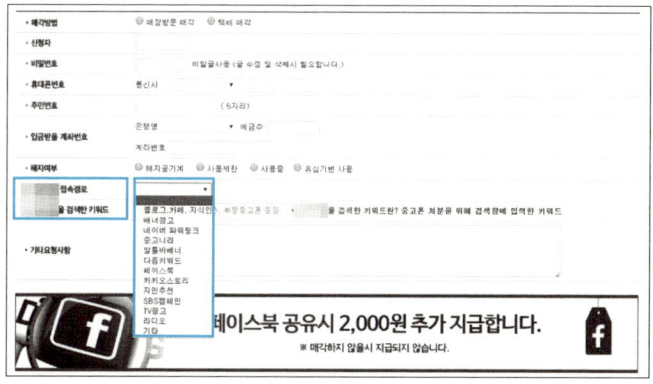

서비스에서 미디어 서베이가 가능한 단계는 '회원가입', '다운로드' 또는 최종 '구매' 단계이다. 단순 방문이 아닌 실제 구매 연결까지 이어질 가능성이 높은 고객이기 때문에 조사된 DB의 퀄리티가 높을 뿐만 아니라, 분석 도구를 세팅하는 것이 매우 간단하다. 쇼핑몰 내 분석 도구를 설치할 경우 예시와 같이 접속 경로를 회원가입 또는 구매 시 필수 선택 값으로 지정하여 설문조사를 진행하는 것이 가장 효과적이다. 그리고 우리 서비스를 찾아오기 위해 포털 또는 앱스토어 등에서 어떤 키워드를 검색했는지를 주관식 문항을 통해 조사하게 되면 보다 깊이 있는 인사이트를 추출할 수 있다.

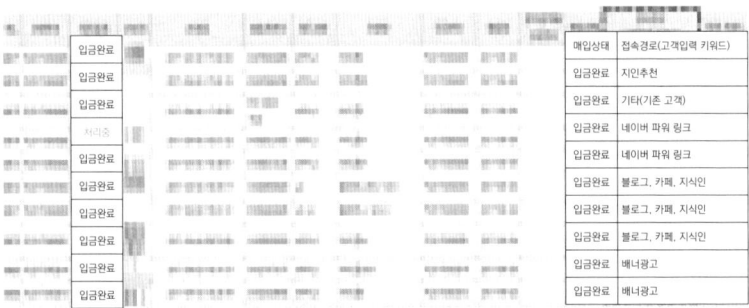

〈홈페이지 내 유입경로 분석 결과〉

② 오프라인 매장

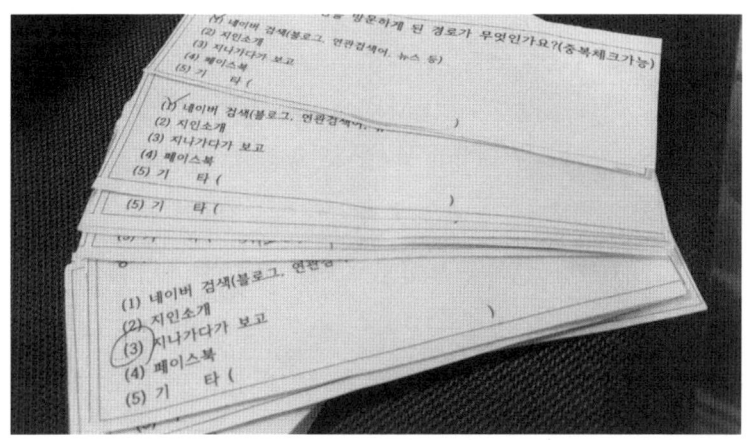

〈오프라인 매장 설문조사 사례〉

오프라인 매장의 경우 체계적인 소비자 유입 경로 분석이 불가능하다는 편견이 있다. 실제로 온라인 쇼핑몰, 앱 서비스 등과 같이 솔루션을 활용한 체계적인 분석은 불가능하지만, 약간의 관심과 노력이 더해진다면 충분히 미디어 서베이를 통해 마케팅 효율을 높일 수 있다. 아날로그적인 방법이지만, 오프라인 매장에서 가장 효율이 높은 조사 방법은 '설문조사'이다. 마케팅을 진행하고 있는 채널이 객관식으로 정리된 설문지를 통해 일부 고객을 대상으로 설문조사를 진행할 경우 의미 있는 데이터를 추출할 수 있다. 매장에 방문하는 모든 고객을 조사할 필요는 없다. 호의적인 고객 또는 약간의 선물(쿠폰, 음료) 등을 제공하여 50명 이상만 조사해도 충분히 도움이 될 것이다.

③ 대형 온라인 플랫폼 광고

: 네이버 파워링크, 구글애드워즈, 페이스북 등

디지털 마케팅 업계에서 채널별 효율 분석은 이미 대부분의 마케터에게 익숙하다. 그리고 네이버, 페이스북, 구글 등 대형 디지털 마케팅 플랫폼에서는 기본적으로 효율 분석 서비스를 제공하고 있다. 네이버 파워링크도 ROAS 분석을 통해 키워드별 투입 비용 대비 전환 매출 측정이 가능하며, 페이스북, 구글에도 이러한 분석 도구는 기본적으로 구축되어 있다. 자세한 사용 방법은 플랫폼별 광고 관리 페이지를 통해 확인하는 것이 가장 정확하다.

키워드	현재 입찰가(VAT미포함)	총비용(VAT포함)	노출가능 광고개수(PC)	전환수	전환율(%)	전환매출액
키워드 6개 결과		1,168,178원		358	12.50%	11,600,800원
	70원	77원	3	0	0.00%	0원
	(기본) 70원	54,626원	3	59	7.98%	1,287,600원
	70원	5,192원	15	11	12.79%	226,000원
	120원	35,277원	15	36	11.73%	984,500원
	920원	1,073,006원	15	252	14.55%	9,102,700원
	70원	0원	3	0	0.00%	0원

〈네이버 파워링크 ROAS 분석〉

✓ 미디어 서베이 2단계: 데이터 분석 및 고도화

미디어 서베이 장치 설치 후 마케터가 해야 할 일은 매체별 효율을 분석하는 것이다. 예를 들어 지난 1주일 동안 페이스북에 10만 원을 지출하였는데, 페이스북을 통한 순이익이 15만 원으로 확인되었다면,

페이스북은 150%의 효율이 검증된 것이다. 효율이 확인되었다면 페이스북에 1,000만 원 지출 시 1,500만 원의 이익을 얻을 수 있으며, 1억 원 지출 시 1억 5,000만 원의 이익을 얻을 수 있는 것이다.

1개월 차		
투입비용	순이익	채널
10만 원	15만 원	페이스북
10만 원	2만 원	인스타그램
10만 원	0원	파워링크

2개월 차		
투입비용	순이익	채널
1,000만 원	1,500만 원	페이스북

〈매체효율 분석 및 고도화〉

이 단계에서 주의할 점은 비용효율은 무한정 증가하지 않는다는 점이다. 100만 원 집행 시 1,000만 원의 매출이 발생한다고 해서 갑작스럽게 10억 원을 투입한다면 1,000억 원의 매출이 발생하지 않을 수 있다. 이러한 특징을 '채널효율의 한계성'이라 한다. 가장 효과적인 방법은 마케팅 예산을 점진적으로 늘려 가며 비용 투입 대비 수익이 가장 큰 지점까지만 성장시키는 것이다.

특정 채널에 대한 한계성이 확인되었다면 마케터가 해야 할 일은 '새로운 채널 발굴'이다. 모든 채널에는 한계가 존재하기 때문에 마케팅 비용 투입 대비 퍼포먼스를 극대화하기 위해서는 지속해서 새로운 채널을 발굴하고 효율을 테스트하는 것이 필요하다. 경쟁사가 확보하지 못한 새로운 채널을 발굴하고 효율적인 운영 노하우를 축적하는 것은 매출 상승뿐만 아니라 경쟁우위를 확보함과 동시에 높은 진입장벽을 구축할 수 있다. 신규 채널 발굴은 경쟁사가 따라올 수 없는 마케팅 퍼포먼스를 만들어 내는 데 매우 중요한 요소이다.

4) 효과적인 콘텐츠 기획: Contents Planning

대형 포털 사이트의 메인배너 혹은 지상파 TV를 통해 마케팅을 하면 어떤 제품이든 관계없이 잘 팔릴까? 정답은 '아니요'다. 놀랍게도 최소 수백 개는 판매되는 것이 아니라 어떤 제품은 포털 메인에 두 시간을 노출해도 단 하나도 판매되지 않는 경우도 있다. 여러 가지 원인이 있겠지만 유효한 채널에 노출되었을 때 제품이 판매되지 않는 경우는 대부분 마케팅 콘텐츠에 문제가 있다. 즉, 소비자가 아무리 봐도 사고 싶은 마음이 들지 않았다는 것이다. 소비자는 냉정하다. 수천만 명에게 마케팅 콘텐츠를 노출해도 고객이 반응할 수 있는 포인트를 잡지 못한다면 절대 소비자는 구매하지 않는다. 마케팅에서 콘텐츠는 '우리 제품의 가치를 어떻게 시각화하여 소비자에게 매력적으로 보이게 포장할 것인가?'에 대한 것이다. 동일한 제품이어도 카피, 디자인, 스토리 등 다양한 콘텐츠 장치에 따라 0개가 팔릴 수도 있고 10만 개 이상 판매될 수도 있다.

✓ **마케팅 채널별 표현 방식**

No.	채널	표현방식
1	페이스북	정보, 재미, 의미 중심
2	블로그	리뷰(후기) 중심
3	언론기사	팩트 중심
4	지식인	객관적 정보, 전문성 중심
5	배너	Point 중심
6	검색광고	포인트 중심
7	포스트	전문적인 표현 중심
8	커뮤니티	리뷰(후기), 신뢰성
......	....	......

〈주요 디지털 마케팅 채널별 표현방식〉

콘텐츠를 이해하기 위해서는 가장 먼저 마케팅 채널별 표현 방식을 이해하는 것이 중요하다. 동일한 소비자여도 마케팅 채널에 따라 기대하고 움직이는 패턴이 다르다. 예를 들어 페이스북의 경우 대부분의 이용자는 콘텐츠당 1분 이내의 시간을 소요하여 새로운 정보를 얻거나, 재미있는 콘텐츠를 보며 웃거나, 감동적인 영상을 통해 삶의 의미를 찾는다. 그리고 이러한 세 가지 중 한 가지 이상이 충족되면 소비자는 좋아요, 댓글, 공유 등으로 해당 콘텐츠를 확산시킨다. 하지만 페이스북이라는 매체의 특성을 이해하지 못한 채 두 시간 이상의 긴 영상을 올린다면 대부분의 소비자는 해당 콘텐츠를 외면하고 반응을 보이지 않을 것이다.

채널별 표현 방식은 고정되지 않고 지속해서 변화한다. 예를 들어 페이스북도 초기에는 대부분의 소비자가 이미지 1장과 짧은 글 형태를 선호하였다. 하지만 유사한 패턴의 콘텐츠가 많아지고 다양한 기업들이 앞다투어 마케팅 경쟁을 시작하며 패턴이 변화하게 되었고, 카드뉴스 형태가 유행하다가 최근에는 영상 중심으로 트렌드가 변화하였다. 마케터는 이러한 채널별 특성을 이해하고 소비자가 선호하는 형태의 콘텐츠를 제작할 수 있는 내부 역량을 키우거나 실력 있는 파트너를 발굴해야 한다.

✓ '확산'되는 콘텐츠를 만드는 방법

마케팅 콘텐츠의 효과를 높일 수 있는 가장 위력한 방법은 콘텐츠의 확산이다. 동일한 영상을 유료광고를 통해 1만 명에게 노출시킨다고 가정했을 때 자발적 확산이 이루어지지 않는다면 1만 노출로 끝날 수 있다. 하지만 소비자들에 의해 확산된다면 해당 콘텐츠를 통해 100만 노출도 만들어 낼 수 있다. 페이스북의 '좋아요'와 공유, 블로그의 스크랩 등 대부분의 마케팅 채널에는 확산 기능이 있다. 특히 SNS 채널들의 경우 그 확산력은 매우 크다. 그렇다면 어떻게 해야 확산될 수 있는 콘텐츠를 만들 수 있을까?

마케터들 사이에서는 평생 한 번의 대박 콘텐츠를 만든다면 마케터로서 성공하는 인생을 살았다고 이야기한다. 한 개의 대박 콘텐츠는 사업을 수십 배 이상 성장시킬 수 있는 힘이 있다. 하지만 반대로는 그만큼 대박 콘텐츠를 만든다는 것은 어려운 일이다. 세상에는 수십만 개의 '좋아요'를 받아 내고 수천만 명이 좋아하는 콘텐츠를 만들 수 있는 천재도 있다. 하지만 대부분의 마케터는 천재가 아니다(만약 당신이 천재라면 이 책을 읽고 있지 않을 가능성이 높다). 그렇다면 평범한 마케터가 대박 콘텐츠를 만드는 방법은 없을까? 지금부터 평범한 마케터도 대박 콘텐츠를 만들 수 있는 다소 현명하지 못하지만 효과적인 방법을 소개하고자 한다.

  스스로 생각하기에 마케팅 콘텐츠 기획 및 제작의 천재가 아니라면 가장 먼저 해야 할 일은 잘 만들어진 콘텐츠를 벤치마킹하는 것이다. 유튜브, 블로그, 페이스북, 인스타그램 등 다양한 마케팅 매체에서 관심 있는 분야의 인플루언서 또는 기업을 팔로우하고, 그들이 올리는 콘텐츠를 끊임없이 관찰하는 것이다. 그리고 소비자가 반응하는 콘텐츠를 벤치마킹하여 우리 회사의 콘텐츠에 접목하는 것이다.

〈중고폰 매입 서비스 A기업의 J커브를 이끈 페이스북 콘텐츠 : 좋아요 3만개〉

중고폰 매입서비스 A기업은 페이스북 킬링 콘텐츠 하나가 3만개의 좋아요를 발생시키며 중고폰 업계 1등으로 성장할 수 있는 기반을 마련하였다. 이 또한 새로운 콘텐츠를 창조한 것이 아니라 끊임없는 기존 콘텐츠를 벤치마킹하고 도전하여 만들어 낸 산물이다. A기업의 콘텐츠는 천재 한 명이 벤치마킹하여 한 번에 성공했을까? 결과적으로는 하나의 콘텐츠가 성공으로 이어졌지만, 그 이면에는 수백 번의 test가 숨어 있다.

〈중고폰 매입서비스 A기업은 페이스북 킬링 콘텐츠 하나가 3만 개의 좋아요를 발생시키며 중고폰 업계 1등으로 성장하였다〉

실제 A기업의 마케팅을 담당했던 마케터는 100개 이상의 페이스북 콘텐츠를 제작하여 테스트하였고, 그중 하나의 콘텐츠가 소비자의 반응을 이끌어 냈다.

여기에는 '양이 질을 만든다'는 원칙이 숨어 있다. 마케팅 환경은 매우 빠르게 변화하고 있고 수만 가지의 변수가 작용하는 영역이다. 이러한 상황에서 마케팅 콘텐츠의 100% 성공을 예측한다는 것은 불가능하다. 피카소도 2만 개 이상의 작품 중 몇백 점만이 대중으로부터 인정받았고, 게임 '앵그리버드'를 만든 로비오 엔터테이먼트도 50번 이상의 시행착오를 통해 '앵그리버드'를 만들었다. 대작을 원한다면 다작이 핵심이다. 전문가가 만드는 모든 콘텐츠가 전부 대박으로 이어질 수 있다는 생각은 잘못된 것이다. 만약 그렇다면 소비자들은 넘쳐나는 양질의 마케팅 콘텐츠 덕분에 통장잔고 0원을 넘어가지 못할 것이고, 폐업하는 기업은 없을 것이다.

마케터가 해야 하는 가장 중요한 일은 최근 소비자가 반응하는 콘텐츠를 끊임없이 학습하며, 무식할 정도로 콘텐츠를 많이 만들어 끊임없이 시장에 평가받는 것이다.

5) 4가지 변수를 돕는 1등 DNA

..

4가지 변수의 구성과 실행 전략에서 살펴본 바와 같이 마케팅은 끊임없는 개선과 실험의 과정이다. 자신이 기획한 마케팅 전략이 실패하는 것을 지켜보고, 실패를 인정하며, 새로운 대안을 찾아 다시 한번 시도하는 것은 쉽지 않다. 그리고 그 과정이 반복되고 길어질수록 마케터가 받는 부담과 고통은 상상을 초월한다. 아무리 정교한 분석 도구와 실력 있는 디자인 팀이 있어도 결국은 마케터가 어떤 생각과 의지를 갖고 마케팅 활동을 지속하느냐에 따라서 마케팅의 결과는 달라진다. 결국 마케팅도 마케팅을 실행하는 담당자의 업을 대하는 태도에 따라 승패가 좌우된다. 그렇기 때문에 우리는 마케팅을 통해 성장하고 기업을 1등으로 이끈 마케터들의 DNA를 연구하고 학습할 필요가 있다.

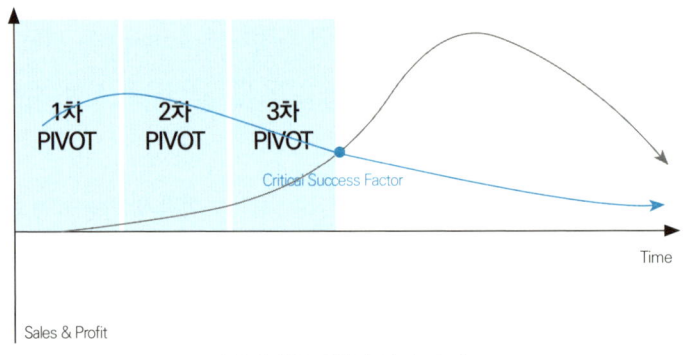

〈일반적인 기업의 성장 과정〉

기업은 마케팅 비용 투입 대비 산출을 극대화하기 위해 지속적인 피벗을 하게 된다. 제품, 노출, 콘텐츠, 프레임 등 다양한 변수를 고도화하다 보면 소비자의 니즈와 일치하는 지점을 찾을 수 있게 되고 손익 분기점을 넘기며 성장할 수 있다.

창업한 기업의 99%가 3년 뒤에 폐업한다는 널리 알려진 지표에서도 우리가 알 수 있듯이 대부분의 기업은 Market Fit을 맞추는 피벗 활동에 실패하고 폐업하게 된다. 피벗 과정에서 기업이 무너지는 이유는 진심으로 소비자에게 우리의 서비스를 맞출 마음이 준비되지 않았기 때문일 가능성이 가장 크다. 소비자가 가장 중요하다는 것을 머리로는 이해하지만 가슴으로 받아들일 준비가 되어 있지 않거나, 소비자가 원하는 수준까지 서비스를 고도화할 수 있는 기업의 내부 역량이 부족한 경우가 대부분이다.

결국, 소비자를 이해하고 지속적으로 피벗하여 소비자에게 다가간 일부의 기업들만 성장을 할 수 있게 되는 것이다. 그렇다면 비용 투입 대비 산출이 높아지는 CSF(critical success factor) 지점을 만나게 되면 모든 기업은 지속적으로 성장할까? 실제로 그렇지 않다. 다양한 업종에서 수익은 발생하지만 성장이 정체된 기업들을 우리는 어렵지 않게 찾아볼 수 있다.

그렇다면 수많은 기업의 성장이 정체된 원인은 무엇일까? 성장이 정체된 가장 큰 원인은 '더 이상 피벗하지 않아서'이다. 수익이 누적되는 지점에서 대부분의 대표자와 마케터들은 현재에 만족해 버린다. 그리고 CSF 지점을 만나기 전과 같이 끊임없이 개선하고 노력하는 태도를 잃게 되는 경우가 많다. 그뿐만 아니라, 새로운 도전을 두려워하게 된다. 피벗 작업은 기존의 방식을 버리고 더 많은 것을 얻기 위해 새로운 것을 시작하는 과정이다. 그렇기 때문에 기존에 충분히 수익이 발생하고 있는 방식을 포기하고 새로운 방식을 시도한다는 것은 안정을 추구하는 인간의 본성을 거스르는 행동이다. 이러한 이유들 때문에 대부분의 기업들은 손익분기점을 넘긴 이후에 1등으로 성장하지 못하고 정체된다.

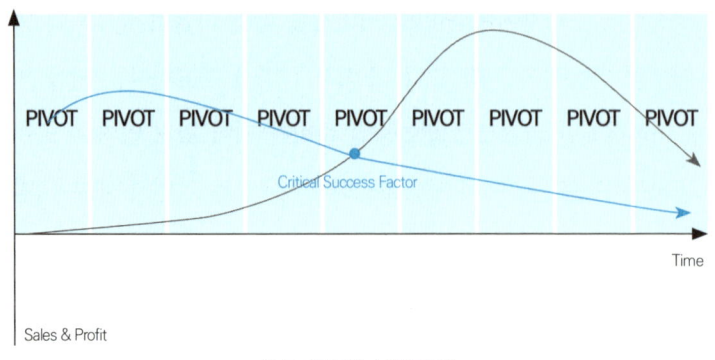

〈1등 기업의 성장과정〉

하지만 1등으로 성장한 기업들은 태생부터 다른 양상을 보인다. 업계 1등으로 성장한 기업들의 경영진과 마케터들을 인터뷰하고, 실제 마케팅을 통해 기업을 1등으로 성장시키다 보면 그들의 공통적인 DNA를 찾을 수 있다.

✓ 1등 기업의 첫 번째 DNA: 빠른 피벗 주기와 실행력

1등 기업의 첫 번째 DNA는 변화가 빠르다는 것이다. 즉, 실행력이 좋다. 일반적인 기업들은 자신의 제품, 마케팅 방법, 사업 구조 등을 피벗하는 데 수개월의 시간이 소요된다. 실제로 피벗 과정은 기획 팀, 생산라인, 디자인 팀, 경영지원 팀, 개발 팀 등 조직 내 다양한 이해관계자와 조율하여 이루어지는 과정이기 때문에 쉽지 않은 것이 사실이다. 하지만 1등 기업들은 피벗의 주기가 매우 빠르다. J커브를 그리며 성장하고 있는 서비스의 메인 화면을 2개월에 한 번씩 리뉴얼하거나, 출시된 제품의 기능을 한 달에 한 번씩 고도화한다. 또는 론칭 후 2개월

동안은 무조건 2주에 한 번씩 서비스를 개편한다. 이러한 빠른 피벗은 Market Fit을 맞춰 가는 과정에서 다른 기업들보다 더 빠른 시간 내에 손익분기점에 다다르게 할 뿐만 아니라 CSF 지점 이후에도 더 빠른 성장의 원동력이 된다.

빠른 피벗의 이면에는 대표자의 리더십이 뒷받침되어야 한다. 열심히 만들어 낸 서비스를 개편하고, 지금까지의 방법론을 뒤집고 새로운 것을 기획하는 것을 좋아하는 직원은 많지 않다. 하지만 이러한 활동이 조직뿐만 아니라 구성원 개인에도 도움이 되고 성공으로 이어질 수 있다는 부분을 대표자가 지속적으로 설득하고 동기를 부여한다면, 조직은 리더를 신뢰하게 되고 피벗에 능숙한 조직으로 변화할 수 있다.

✓ 1등 기업의 두 번째 DNA: 도전정신과 겸손함

기업이 성장하고 수익이 누적되며 직원 수가 많아지는 순간 많은 기업의 경영진이 겸손함을 잃고 권력을 남용하게 된다. 성공을 견인한 마케터 또한 마찬가지이다. 현재까지의 성공 방정식을 혁신하여 성장하기보다는 현재에 머물기를 바란다. 하지만 1등 기업의 구성원들은 다르다. 그들은 매출이 발생하기 전과 CSF 지점을 넘어선 이후에 큰 변화가 없다. 기업이 성장하는 과정에서도 더 고도화된 제품과 기업구조를 갖추기 위해 기존의 것을 과감히 포기하면서 끊임없이 피벗을 진행한다. 그리고 경쟁사가 따라올 수 없을 정도로 가장 날카롭게 Market Fit을 맞추고 그 작업을 멈추지 않는다.

찰스 다윈의 말처럼 강한 자가 살아남는 것이 아니라 살아남는 자가 강한 것이다. 그리고 변화에 적응하는 능력이 성공의 핵심이다. 기업이 1등으로 성장한다는 것은 뛰어난 마케팅 담당자 한 명에 의해 이루어지는 것이 아니다. 전사적인 차원에서 소비자와 시장에 집중하고, 그들이 원하는 방향으로 지속적으로 변화하는 것이 중요하다. 마케팅도 결국은 사람이 하는 것이고, 그 사람의 태도와 생각이 결과를 좌우하게 된다.

6) 마케팅을 이해하고 학습하는 방법

4가지 변수를 통해 마케팅의 구조를 이해했다면 마케팅 전문가가 되기 위해 얼마나 많은 양의 공부와 경험이 필요한지를 이해할 수 있을 것이다. 마케팅은 학문적인 뼈대뿐만 아니라 프레임, 제품, 노출, 콘텐츠 등에 대한 전문성과 함께 마케터 스스로의 태도까지 학습하고 수련하는 영역이다. 온라인에서 광고하는 마케팅 교육처럼 한 가지 매체만 마스터한다고 해서 마케팅의 모든 것이 끝나는 것이 아니다.

	Framing	제품고도화	노출효율화	콘텐츠기획
현황	4	3	5	3
평균	5/3.4			
GAP	-1	-2	0	-2
학습방향	포지셔닝 책 10번 읽기	최근 성공 사례 스터디	신규 분석 Tool 학습	유명 인플루언서 콘텐츠 구조파악

〈4가지 변수를 활용한 마케팅 역량 진단 / 5점 척도 활용〉

	Framing	제품고도화	노출효율화	콘텐츠기획
현황				
평균				
GAP				
학습방향				

〈연습문제〉

우리는 4가지 변수에 대한 이해를 통해 현재 나의 마케팅 수준을 진단할 수 있을 뿐만 아니라, 새로운 마케팅 방법론이 등장하였을 때 해당 방법이 마케팅 구조에서 어떠한 역할을 담당하는지를 이해할 수 있다.

마케팅 관련 교육 및 도서 중 가장 많은 인기를 끌고 있는 것 중 하나가 SNS 마케팅이다. SNS 채널 한두 가지만 잘 배워도 모든 마케팅이 성공으로 이어질 것처럼 보인다. 종종 성공 사례가 발생하기도 하지만, 실패로 이어지는 경우도 많다. 그렇다고 해서 SNS를 활용한 마케팅이 틀렸다는 것은 아니다. 페이스북은 마케팅을 구성하는 4가지 변수 중 노출효율을 높일 수 있는 마케팅 채널 중 하나인 것이다. SNS를 활용했을 때 효과적일 수 있는 업종일 경우에는 노출효율이 극대화되며 기업을 성장시킬 수 있으나, 업종과의 FIT이 맞지 않을 경우 실패하게 된다.

No.	변수	Before	After
1	프레임	2	2
2	제품 매력	2	2
3	노출효율	2	4 (SNS 도입을 통한 노출효율 증가)
4	콘텐츠	2	2
	매출	32	64

〈4가지 변수 중 SNS의 역할〉

인플루언서 마케팅도 같은 관점에서 보면 이해가 쉽다. 유튜버, 아프리카 BJ, 블로거, 페이스북 유명 페이지 등 온라인에서 영향력 있는 인플루언서와 연계한 마케팅은 인플루언서가 보유한 효율적인 채널과 그들이 만든 전달력 높은 콘텐츠를 통해 성과를 높이는 마케팅 방법이다. 인플루언서 마케팅이 유행한다고 해서 무작정 따라 할 것이 아니라, 인플루언서가 보유한 소비자의 특성과 규모 그리고 예산 등을 고려해 보았을 때 효율적이라 판단된다면 적은 금액부터 테스트를 통해 단계적으로 규모를 확장시켜 나아가는 것이 중요하다.

그렇다면 브랜딩은 무엇일까? 브랜딩은 제품 또는 서비스에 의미를 부여하여 가치를 높이는 활동이다. '북두칠성'이 브랜딩의 대표적인 성공 사례이다. 하늘에 떠 있는 별 몇 개일 수도 있지만, 스토리와 의미가 부여되며 새로운 가치를 갖게 되었다(스토리텔링이 브랜딩에 많이 활용되는 이유는 고객이 공감할 수 있는 스토리가 있는 제품은 가치가 상승하기 때문이다). 브랜딩은 4가지 변수 중 프레임 활동으로 해석할 수 있다. 브랜딩이 성공해서 매출이 올라간 것을 4가지 변수 관점에서 해석해 보면 브랜딩을 통해 제품을 바라보는 소비자의 관점이 바뀌면서 프레임 변수가 증가하게 되었고 그것이 매출 상승으로 이어진 것이다.

마케팅 환경은 지속적으로 변화하고 있고 매년 수십 가지의 새로운 마케팅 채널과 방법론이 쏟아져 나오고 있다. 이러한 상황에서 마케팅 방법론에 대한 새로운 정보를 명확한 기준으로 구분하고 정리하여 회사에 적용하지 않으면 요즘 유행하는 마케팅 방법론만 기웃거리다가 결국 실패로 이어질 것이다. 이럴 때 활용할 수 있는 것이 앞서 정의한 마케팅의 4가지 변수이다. 새로운 마케팅 방법론이 나온다면 4가지 변수 중 어떤 영역에 해당하는지 구분하고, 우리 회사에 적용할 수 있는 방법을 탐색해 보자. 그리고 적은 금액부터 테스트해 보고, 결과에 따라 비중을 조정한다면 중심이 튼튼한 마케터가 될 수 있다. 그리고 4가지 변수 중 자신이 취약한 부분을 지속적으로 보완한다면 짧은 시간 내에 유능한 CMO 또는 기업의 오너로 성장하는 데 도움이 될 수 있을 것이다.

STEP 03

퍼포먼스를 높이는 디지털 마케팅 전략

1
마케팅 전략
쉽게 이해하기

　시장조사, 3C 분석, SWOT, STP, 4P Mix……. 언뜻 듣기만 해도 어렵기만 한 단어들이다. 위의 단어들은 가장 많이 쓰이는 마케팅 전략 도구로 마케팅이나 경영에 조금이라도 관심이 있다면 한 번쯤은 들어 본 익숙한 단어들이다. 하지만 다른 한편으로는 실전에서는 어떻게 쓰이는지 대부분 정확하게 이해하지 못하는 단어들이다. 현재 사업을 하고 있는 스타트업들이나 사업계획서를 쓰고 있는 예비창업자 중에도 위의 전략들을 지원금을 얻거나 대회 수상을 위해 어쩔 수 없이 작성해야 하는 '요식행위' 정도로만 생각하는 사람들이 많다. 복잡하고 어려운, 그리고 실용적이지 않을 것 같은 마케팅 전략들, 꼭 알아야만 하는 걸까?

마케팅 전략, 왜 필요할까?

마케팅 전략이 정말 필요한지 알기 위해 던져야 할 첫 번째 질문은 '왜 마케팅 전략이 필요할까?'이다. 우리가 마케팅 전략을 기획하는 이유는 팔리는 상품을 만들고 그 상품을 팔기 위해서이다.

만약 대학교 앞에서 과일 도시락 장사를 한다고 가정해 보자. 일반적으로 가장 무엇을 먼저 할까? 아마 주변 사람들에게 이런 아이템이 있는데 잘될 것 같은지 물어볼 것이다. 여기저기 물어보고 보완하면서 대부분의 주변 사람들이 괜찮다고 할 때까지 아이템을 보완할 것이다. 그다음으로 우리는 '내가 창업할 돈은 충분히 있는가?', '진짜 학생들이 과일 도시락을 사 먹을 것인가?', '옆에 프랜차이즈 도시락과 햄버거 가게도 있는데 과연 우리가 잘될 수 있을 것인가?' 등의 고민을 할 것이다. 그리고 확신을 얻기 위해 우리는 자신을 돌아볼 것이다. '내가 정말 장사를 잘 할 수 있을까?', '도시락 유행이 지나가지는 않을까?' 그리고 다음으로는 우리 도시락을 어떤 사람이 사 먹을지를 고민할 것이다. '누가 먹을까? 학생들 중에서도 다이어트를 원하는 여성들, 특히 패스트푸드보다는 약간 고급스러운 음식을 좋아하는 학생들이 구매하지 않을까?' 추측을 해본다. 그리고 마지막으로 어떤 용기에 어떤 과일을 얼마나 담을지, 얼마에 판매할지, 어떤 위치에서 판매할지, 배달을 할지, 오픈 시 50% 할인 이벤트를 할지 등을 고민할 것이다.

마케팅 전략=생각의 흐름

어떤가? 위의 생각 구조는 실제 사업을 하는 사람들이 아이템을 떠올리는 단계에서부터 구체화하는 단계까지의 일반적인 패턴이다. 그리고 우리도 모르게 자연스럽게 마케팅 전략의 모든 단계를 거쳤다. 내가 언제 마케팅 전략을 짰는지 모르겠다고? 다시 한번 위의 생각 과정을 살펴보자.

가장 먼저 아이템이 떠올라 친구들에게 물어보는 단계에서 우리는 이미 간단한 '시장조사'를 진행했다. 친구들과의 인터뷰를 통해 시장과 고객의 반응을 살피고, Market에 Fit한 비즈니스로 개선한 것이다. 그리고 다음 단계로 '내가 창업할 돈이 있는가?', '학생들이 사 먹을까?', '옆에 다른 매장이 있는데 우리 도시락이 팔릴까?'라는 질문을 통해 3C 분석을 진행하였다. 자연스럽게 3C 분석의 핵심인 company(자사), customer(고객), competitor(경쟁자)를 고려한 것이다. 다음으로 우리는 우리가 정말 잘할 수 있을지를 고민하며 자신의 강점과 약점, 기회와 위협을 고민하는 SWOT 분석을 진행하였다. 그 후 고객들이 내 음식을 좋아할지를 고민하는 과정에서 자연스럽게 고객 세분화(segmentation)와 타겟팅(targeting)을 하였고 포지셔닝(positioning)하는 STP 전략을 고민한 것이다. 그리고 마지막으로 고객에게 어떤 가격으로(price), 어디에서(place), 어떤 상품을 (product) 팔 것이며 어떻게 판매를 늘릴지 고민(promotion)하는

4P 전략까지를 다 고민한 것이다.

자연스러운 생각의 흐름과 마케팅 전략이 참 비슷하지 않은가? '고객에게 팔리는 상품'을 만들겠다는 목표를 갖고 고민을 하다 보면 우리는 자연스럽게 마케팅 전략 과정을 거치게 된다. 마케팅 전략을 기획하는 목적 또한 '고객에게 상품을 사야 하는 이유(CSF, critical success factor)를 만드는 것'이라는 동일한 목표점을 갖고 있기 때문이다.

마케팅 전략은 생각의 누락과 중복을 줄여준다

경영학 그리고 마케팅은 실무에서 반복적이고 공통으로 발생하는 상황들을 이론화한 학문이다. 그렇기 때문에 마케팅 전략은 생각의 누락과 중복을 줄여주는 효과가 있다. 예시와 같이 마케팅 전략을 몰라도 어떠한 상품을 판매하고자 하면 우리의 머리는 자연스럽게 마케팅 전략 과정과 비슷한 사고를 한다. 하지만 우리의 생각이 항상 효율적인 것은 아니다. 가끔은 했던 고민을 또 하기도 하며 한편으로는 꼭 고민해야 할 부분을 건너뛰고 결정을 하기도 한다. 그러나 마케팅 전략을 알고 흐름대로 사고를 하게 되면 생각의 중복이나 누락 없이 생각을 이어나갈 수 있다.

다만, 전략 관련 부서에서 업무하는 경우 마케팅 전략 수립 과정에서 목적과 과정이 뒤바뀌는 경우를 종종 볼 수 있다. 전략을 기획하는 목적이 '사업을 성공시키기' 위한 것인데도 '타인을 설득시킬 자료'를 만들기 위해 근거를 끼워 맞추기 때문이다. 실제 대기업에서 사업계획을 수립할 때, 그리고 스타트업에서 투자유치를 위한 IR자료를 만들 때, 적지 않게 이러한 상황들이 발생하곤 한다. 이러한 행동들은 '마케팅 전략' 자체를 의미 없게 만드는 행동이다. 실제 이렇게 기획된 마케팅 계획은 열이면 열 실패로 끝난다.

마케팅 전략은 외우려 하지 말고 이해하려고 하면 쉽고 재미있다. 마케팅 전략은 '어떻게 사업을 잘되게 할 수 있을까?', '어떻게 물건 또는 서비스를 잘 팔 수 있을까?'라는 질문에 대한 답변을 해나가는 과정이며 자연스러운 생각의 흐름을 중복과 누락 없이 이어질 수 있도록 돕는 도구이다. 어렵게 외워야만 하고 억지로 끼워 맞춰야 하는 이론들이 아니다. 다만 우리가 그것을 배울 때 이것을 사용하기보다는 외워서 점수를 따려는 목적으로 배워왔기 때문에 어렵고 재미가 없게 느껴지는 것일 뿐이다. 마케팅 전략을 쉽고 재미있는 것으로 생각하고 자연스럽게 사용해 보자. 이러한 생각 구조가 습관화되다 보면 어느새 무척 전략적이고 똑똑해져 있는 자신을 발견하게 될 것이다.

2
시장 분석

 매출성과로 이어지기 위한 마케팅 전략을 기획하기 위해서는 정확한 시장 분석이 선행되어야 한다(물론 완벽한 시장조사는 세상에 존재하지 않는 것 같다). 정확한 시장 분석이란 다양한 특성과 다양한 규모의 시장 중 우리가 진입했을 때 높은 매출을 발생시킬 수 있으며, 그 매출이 지속될 수 있는 시장을 찾아내는 것이다. 그리고 그 시장에 존재하는 고객이 무엇에 설득될지 알아내는 것이다. 상대적으로 예산이 많은 대기업 또는 공공기관의 경우 전문 조사 회사를 통해 FGI, A&U 등 다양한 분석을 할 수 있다. 하지만 대부분의 기업에서는 예산 또는 기간 문제로 체계적인 시장조사를 진행한다는 것은 현실적으로 어렵다. 그리고 놀랍게도 수백억 원을 투입한 전문 조사 회사의 데이터가 틀리는 경우도 종종 있다. 마케팅 실무적인 관점에서 보았을 때 가장 쉽고 정확하게 시장을 조사하는 방법은 무엇일까?

먼저, 가치 있는 시장이 무엇인지 정의하라

시장조사를 진행하기 전 먼저 가치 있는 시장이 무엇인지를 정의해야 한다. 가치 있는 시장이란 먼저 규모가 커야 한다. 시장이 크다는 것의 기준은 우리 회사의 목표에 따라 상대적일 수 있다. 예를 들어 현재 연 매출이 10억 원이고, 최종 목표 매출이 50억 원인 기업에게는 시장 규모가 1,000억 원이어도 5%만 점유해도 목표를 달성하기 때문에 의미 있는 시장이 될 수 있다. 반대로 몇조 원 규모의 매출 증가가 목표인 글로벌 기업이라면 수십조 원 이상의 규모가 있는 시장을 찾아야 한다.

그리고 그 시장은 점점 죽어 가는 시장이 아니라 성장하는 시장이어야 한다. 시장의 성장률도 우리 기업의 현황에 따라 매력의 정도는 다를 수 있다. 빠르게 성장하는 시장에는 기회도 있지만 그만큼 경쟁이 치열하다. 경쟁이 치열한 시장에서는 자금 투자를 기반으로 하는 치킨게임이 종종 발생하기 때문에 이러한 경쟁 형태에 적합하지 않은 조직이나 CEO의 성향이 공격적이지 않다면 성장률과 관계없이 매력적이지 않은 시장이 될 수 있다.

마지막으로 시장 구매력이 있어야 한다. 우리는 3D프린터 시장이 활성화되던 2010년대 중반 시장 규모와 소비력의 갭 때문에 당황하는 기업들을 무수히 볼 수 있었다. 거시적인 3D프린터 시장은 급격하게 성장하고 있었으나, 실제 3D프린터를 구입하거나, 관련 서비스를 원하는 소비자는 많지 않았기 때문이다.

시장의 매력도는 모든 기업에게 상대적이다. 그렇기 때문에 우리 회사에 FIT한 시장이 무엇인지를 먼저 정의하고, 진입하고자 하는 시장이 우리에게 적합한지를 판단하는 것이 중요하다.

시장 규모는 크지만 경쟁자가 마케팅에 미숙하다면?

매력적인 시장에는 나보다 먼저 진입한 경쟁자들이 많이 포진하고 있다. 그리고 이미 치열한 경쟁이 벌어지고 있다. 이것은 사실일까? 대부분 사실이지만 종종 예상과 다른 경우를 발견할 수 있다. 이것을 우리는 '기회'라고 이야기한다.

지금은 레드오션이 되었지만 한때 '기회'의 시장이었던 화장지 디지털 마케팅 시장을 예를 들어보자. 두루마리 화장지, 물티슈 등 B2C 화장지 시장과, 점보롤, 냅킨 등 B2B 화장지의 온라인 시장 규모는 수백억 이상의 시장 규모를 형성하고 있다. 그리고 두루마리화장지, 점보롤, 점보롤 화장지, 갑 티슈 등을 네이버에서 검색하는 소비자는 매월 3만 명이 넘는다. 일반 화장지의 평균 객 단가는 1~2만 원 내외이고 평균 6개월에 한 번 구입하지만, 업소용 화장지의 평균 단가가 10~30만 원이고 매월 구입한다는 부분을 감안해 본다면 월 3만 건 이상의 검색량은 매우 의미 있는 숫자이다. 네이버에 이러한 검색 키워드를 소비자가 검색했을 때 우리의 화장지 쇼핑몰이 매력적으로 노출된다면 매출을 높일 수 있는 큰 기회가 있는 것이다.

연관키워드	월간검색수	
	PC	모바일
점보롤화장지	3,220	3,140
업소용물티슈	660	1,980
점보롤	3,130	2,610
두루마리화장지	900	3,900
갑티슈	3,420	4,390

〈화장지 관련 네이버 키워드 검색량〉

하지만 놀랍게도 이렇게 많은 현금이 흐르고 있는 네이버 검색광고 영역에 2016년 초까지만 해도 파워링크, 블로그, 뉴스 등의 매체를 활용하여 마케팅을 진행하는 업체는 불과 한두 곳뿐이었다. 그리고 노출되고 있는 마케팅 콘텐츠마저도 마케팅 담당자가 마지못해 올린 듯이 제품 사진만 몇 장 올라와 있는 상황이었다. 시장 규모는 크지만 경쟁이 치열하지 않는 시장, 즉 기회의 시장이었던 것이다. 이러한 시장의 기회를 발견했던 몇 개의 기업들은 디지털 마케팅을 시작하였고 창업 이후 몇 년이 되지 않아 수십억 원 이상의 매출을 올리며 승승장구하고 있다. 그리고 지금은 공장 규모가 가장 크고 업력이 긴 회사가 1등이 된 것이 아니라, 공장도 없고 창업한 지 몇 년 되지 않았지만, 마케팅을 가장 잘하는 회사가 업계 1등이 되었다.

시장의 기회가 있어도 마케팅 역량이 부족하다면?

지금도 화장지 시장처럼 규모는 크지만 기존 기업들이 마케팅을 효과적으로 하고 있지 않아 기회가 있는 시장은 널려 있다. 하지만 시장에 기회가 있다고 해서 그것이 모두 우리에게 이익으로 돌아오는 것은 당연히 아니다. 결국 기회가 있어도 기회를 잡을 수 있는 마케팅 역량을 기업이 보유하고 있지 않다면 기회는 다른 사람의 몫으로 돌아가게 된다.

시장 분석에서 빠지지 않는 것이 company(자사) 분석이다. 경쟁자의 현황과 고객의 움직임을 통해 기회를 발견했어도 우리 회사에 그 기회를 쟁취할 수 있는 역량이 없다면 기회는 무의미해진다.

30분 만에 끝내는 시장 분석: 네이버 데이터

우리는 설문조사, 인터뷰, 2차 자료 분석 등을 통해 다양한 시장조사를 시도하지만, 막상 제품이 출시되었을 때 조사한 결과와는 다른 소비자의 반응에 당황하는 경우가 종종 있다. 이런 문제는 왜 발생하는 걸까? 여러 가지 이유가 있겠지만 가장 큰 이유 중 하나는 '소비자도 자신이 정확히 무엇을 원하는지 모른다는 것'이다.

우리 스스로도 생각해 보자. 점심시간에 내가 정확히 무엇을 먹고 싶은지, 저녁에 쇼핑을 할 때 정확히 어떤 색상, 어느 가격대, 어떤 디자인의 옷을 살 예정인지 스스로 명확하게 이야기할 수 있는가? 소비자의 진심을 파악한다는 것은 그만큼 어려운 것이다.

하지만 우리는 나도 모르게 나의 진심을 누군가에게 하루에도 열 번 넘게 이야기해 주고 있다. 그 '누군가'는 바로 포털 사이트 '네이버'이다. 새로운 마우스를 구입하고 싶다면 다양한 검색 키워드를 입력하여 마우스에 대한 개인의 니즈를 네이버에 지속적으로 입력한다. 주말에 가족들과 여행을 갈 예정이라면 '○○ 가볼 만한 곳', '○○ 맛집' 등을 검색하며 진심을 네이버에 알려 준다. 검색할 때 네이버가 나의 진심을 알까 우려되어 거짓을 입력하는 소비자는 거의 없을 것이다.

〈네이버 광고 관리 시스템 메인화면〉

이러한 구매 행동 프로세스 때문에 네이버에는 대한민국 또는 해외에 있는 소비자들이 원하는 데이터가 쌓이고, 네이버에서는 고맙게도 이러한 데이터를 소비자에게 무료로 오픈해 주고 있다. 그 채널이 바로 네이버 광고 관리 시스템이다(www.searchad.naver.com).

〈광고 관리 시스템 키워드 입력 결과〉

우리가 네이버 데이터를 이해한다면 매우 짧은 시간 내에 시장에 대한 비교적 정확한 데이터를 추출하여 마케팅에 도움이 되는 인사이트를 얻을 수 있다. 예를 들어 다이어트 시장 중 뱃살 다이어트 시장을 집중해서 분석해 보자. 다이어트 시장이 크다는 사실은 몇 번의 포털 검색만으로도 쉽게 알 수 있다. 하지만 실제 뱃살 다이어트에 관심이 있어서 움직임까지 보이고 있는 소비자가 몇 명이나 있을지를 예측하는 것은 현실적으로는 불가능해 보인다. 하지만 네이버 광고 관리 시스템을 이용하면 이러한 데이터를 불과 몇 번의 클릭만으로 확인할 수 있다. 검색 결과 '뱃살 다이어트'를 검색하는 소비자는 매월 약 9천 명 수준이다. 전 국민에 대한 데이터는 아니지만 대략적인 소비자의 양을 추정할 수 있는 것이다. 만약 우리가 뱃살 다이어트 관련 사업을 준비하고 있는데 네이버 검색량이 10건 혹은 30건으로 매우 미비하다면 그 사업은 시장 자체가 없다고 판단해도 무방하다. 하지만 검색량이 수십만 건 발생한다면 매우 큰 시장으로 판단할 수 있다.

네이버 광고 관리 시스템에서 얻을 수 있는 또 하나의 인사이트는 PC와 Mobile 검색을 구분해서 알 수 있다는 것이다. 뱃살 다이어트의 경우 PC보다는 Mobile 검색량이 많으므로 Mobile 매체에 집중해서 마케팅 비용을 지출하는 것이 더욱 효과적이라는 사실을 알 수 있다. 또한 해당 키워드를 검색하는 상황이 사무실이나 컴퓨터 앞이 아니라 이동 중 또는 다른 환경에서 이루어진다는 것을 통해 다양한 마케팅 전략을 기획해 볼 수도 있다.

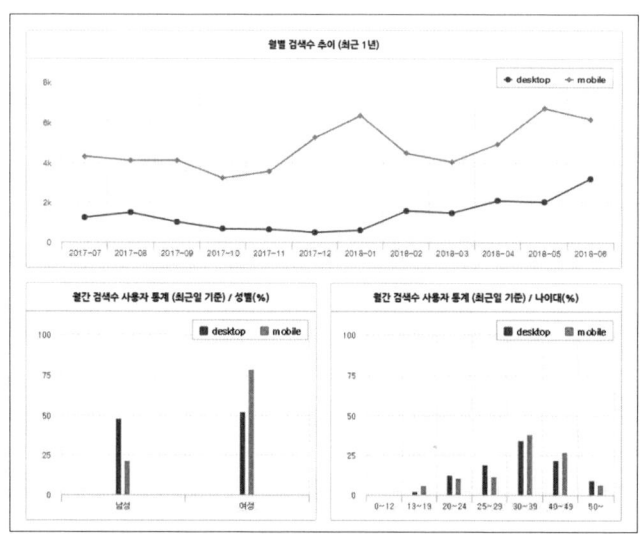

〈뱃살 다이어트 키워드 클릭 결과〉

키워드 검색량을 통해 시장에 대한 규모를 이해했다면 해당 키워드를 클릭해 보자. 놀랍게도 네이버에서는 관련 키워드의 최근 1년 검색량 추이와 검색자의 성비 그리고 주요 검색 연령대까지 한눈에 알아볼 수 있게 정리해서 제공해 주고 있다.

여기에서 얻을 수 있는 첫 번째 인사이트는 시장의 추이다. 만약 뱃살 다이어트 관련 키워드 검색량이 우상향하고 있다면 해당 시장은 점점 커지고 있는 시장이다. 하지만 검색량이 우하향하고 있다면 시장 규모가 감소하고 있기 때문에 시장에서 철수하거나 진입하지 않는 전략을 고민해 보아야 할 것이다.

두 번째는 성수기와 비수기를 구분할 수 있다. 수백 개의 기업을 마케팅하며 분석해 본 결과 B2C 업종의 경우 네이버 검색량 추이와 기업 매출의 그래프는 유사하게 움직인다는 사실을 발견하게 되었다. 그리고 뱃살 다이어트 시장의 경우 11월~1월과 3월~6월까지 검색량이 증가하는 것을 확인할 수 있다. 연말과 여름이 시작될 때 많은 사람이 다이어트를 결심하는 것이 실제 데이터에 반영되는 것이다. 너무나 당연한 이야기지만, 성수기에는 매출이 오를 것이고, 1월 말 그리고 여름이 끝나는 시점부터는 매출이 점점 하락할 것이다.

시장과 소비자의 특성을 이해한다면 성수기에 검색량이 오를 때 우리 회사의 매출이 함께 오르지 않는다면 마케팅에 문제가 있다는 점을 인식할 수 있다. 그리고 비수기 때 매출이 떨어지면 시장 자체가 축소되기 때문에 발생하는 현상이라는 사실을 이해할 수 있는 것이다. 하지만 이러한 데이터를 참고하지 않는다면 언제가 성수기인지, 비수기인지, 매출은 왜 떨어지는지 정확한 이유를 알지 못할 뿐만 아니라 매출 예측이 불가능하여 조직 내 불안감만 커질 수 있다.

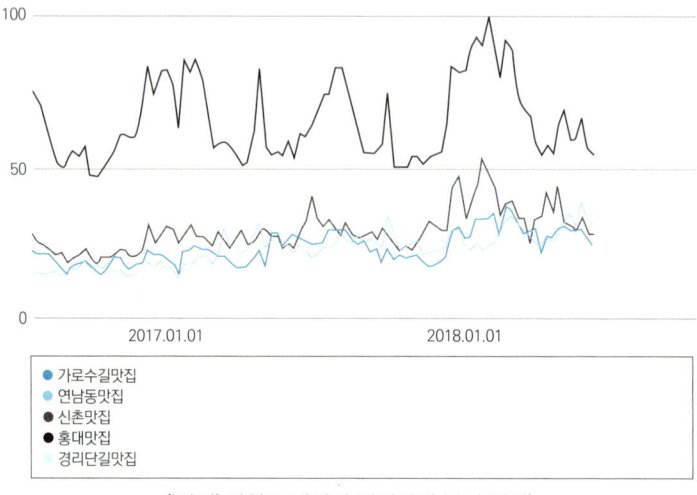

〈'맛집' 키워드 네이버 데이터랩 분석 결과〉

　소비자의 검색 추이를 조금 더 깊이 있게 살펴보고 싶다면 네이버 데이터랩을 참고하는 것이 좋다(www.datalab.co.kr). 데이터랩에서는 2016년 1월 이후부터 현재까지의 데이터를 백분율로 분석하여 볼 수 있도록 서비스를 제공하고 있다. 최근 3년 이상의 데이터를 비교·분석할 수 있기 때문에 작년 대비 올해 시장의 변화를 확인할 수 있다. 또한 광고 관리 시스템과 다르게 한 번에 5개까지 키워드를 비교·분석할 수 있기 때문에 키워드별 시장 규모를 비교해서 볼 수 있다. 예를 들어 서울 내 상권 규모를 알고 싶다면 주요 상권의 맛집 키워드인 경리단길 맛집, 강남 맛집, 연남동 맛집 등을 검색해 보면 결과를 쉽게 알 수 있다. 검색을 통해 홍대, 연남동, 경리단길 순서로 규모를 형성하는 것을 확인할 수 있다(실제 상권의 규모도 동일한 순서로 크다).

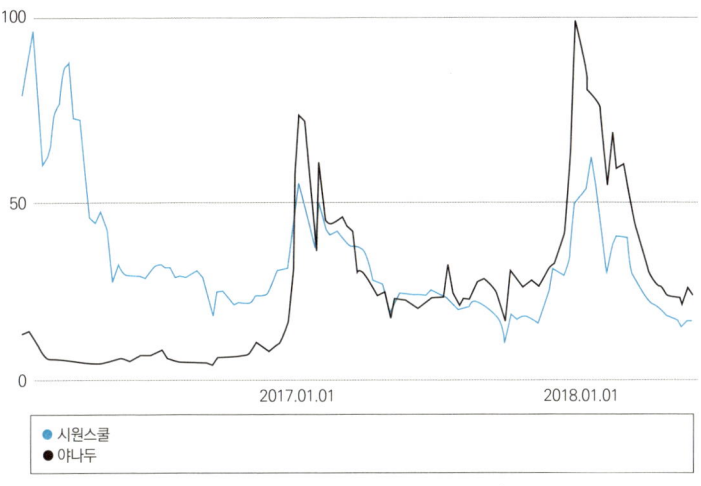

〈영어교육 시장 소비자 검색량 변화〉

데이터랩의 비교 분석 기능을 활용하면 특정 업계의 추이도 확인할 수 있다. 영어교육 시장의 대표 기업 '야나두'와 '시원스쿨'을 검색해 본 결과 2017년 이전까지는 '시원스쿨'의 검색량이 압도적으로 높았지만, 2018년 이후 '야나두'의 검색량이 '시원스쿨'을 앞서나가는 것을 확인할 수 있다. 만약 우리가 온라인 영어교육 시장에서 사업을 운영 중인 기업이라면 우리 회사의 검색량을 입력해 보면 경쟁사 대비 우리 기업의 브랜드 인지도 현황을 매우 쉽게 파악할 수 있다.

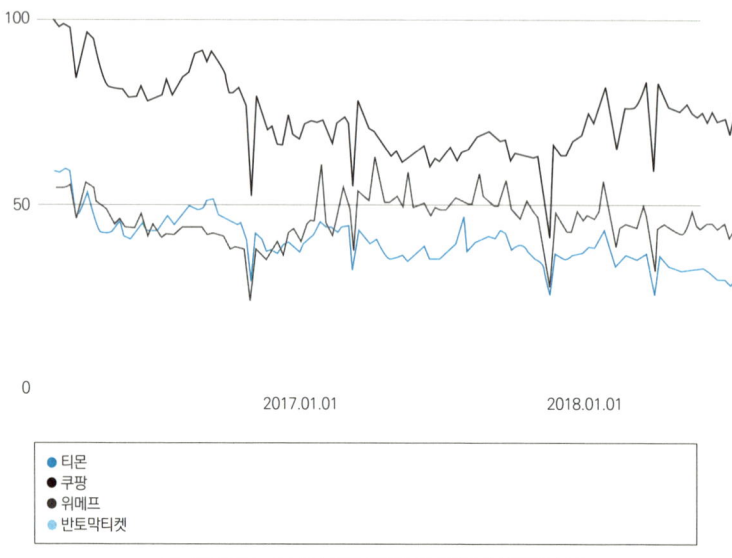

〈소셜커머스 3사와 반토막티켓 검색량 비교분석〉

시장 분석 단계에서 데이터랩을 사용한다면 꼭 해봐야 하는 것이 자사와 주요 경쟁사의 브랜드 검색량 분석이다. 앞에서 설명한 바와 같이 소비자는 무의식적으로 세 개의 브랜드를 기억하고 그중 한 개의 브랜드만 선택한다. 그리고 이미 소비자의 머릿속에 세 개 브랜드가 자리 잡고 있는 시장이라면 새로운 플레이어가 진입할 때 한 개의 브랜드를 밀어내야 하기 때문에 마케팅에 큰 비용과 노력이 투입되어야 한다.

현재 소셜커머스 시장은 '쿠팡', '위메프', '티몬'이 소비자의 머릿속에 세 개의 브랜드로 자리 잡고 있다. 그리고 우리 브랜드는 가장 검색량이 낮은 티몬에 비해서도 한참 낮은 검색량을 보이고 있다. 만약 우리 회사와 주요 경쟁사들의 브랜드를 네이버 데이터랩에 입력해 보았을 때 위와 같은 그래프가 나온다면 시장 진입을 심각하게 고려해 봐야 할 것이다.

반대로 시장에서 1~3위가 명확하지 않고 시장의 주요 플레이어들과 우리 회사의 브랜드 검색량이 큰 차이가 없다면 그 시장에는 아직 기회가 남아 있는 것이다.

우리 업계의 1등은 누구인가
그리고 그들은 돈을 벌고 있는가

일반적으로 업계 1등이라면 안정적인 매출과 높은 수익을 내고 있을 것이라 생각한다. 하지만 종종 업계 1등도 적자를 보고 있는 시장이 존재한다. 특히 성숙기에 접어든 시장이 아닌 몇몇 스타트업 또는 대기업에 의해 새롭게 형성된 시장에서는 이러한 상황이 더욱 자주 발생한다. 소셜커머스도 아직 1~3등이 모두 큰 손실을 보고 있는 시장이고, 배달서비스도 1등이 흑자로 전환한 지 얼마 되지 않았다. 그리고 우리가 알고 있는 잘나가는 스타트업들도 비록 업계 1등이지만 적자일 가능성이 매우 높다. 특히 투자를 계속 받고 있는 기업인 경우에는 그럴 가능성이 더욱 높다.

하지만 업계 1등도 적자일 수 있고, 그 적자가 흑자로 전환되지 않을 가능성도 있다는 사실을 모르고 겉으로 보기에 돈이 될 것 같다는 이유로 해당 시장에 진입했다가 낭패를 보는 경우가 많다. 업계 1등도 적자인 시장에서 다른 플레이어가 수익을 발생시킬 수 있을 가능성은 거의 없기 때문이다.

〈랭키툴바 설치 화면〉

그렇다면 어떻게 해야 업계 1등이 적자인지 알 수 있을까? 정확한 데이터를 얻기 위해서는 먼저 업계 1등이 누구인지 알아내는 것이 필요하다. 소비자들에게 더욱 신뢰 있는 기업으로 보이기 위해 많은 기업이 우리 회사가 1등이라고 마케팅을 하고 있다. 하지만 실제 1등은 하나다.

업계 1등이 누구인지 알기 위해 가장 많이 사용하는 서비스는 앞 장에서 설명한 네이버 데이터랩이다. B2C 기업인 경우 기업의 브랜드 검색량이 가장 높은 기업이 대부분 1등이다. 데이터랩만큼 많이 사용하는 도구는 랭키툴바이다. 랭키툴바는 분야별 사이트의 랭킹을 보여주는 서비스이다. 정확한 로직은 공개되지 않았지만, 최근 트래픽 기준으로 랭킹을 볼 수 있기 때문에 랭키툴바에서 1등이라면 가장 많은 트래픽이 발생하는 사이트이자, 업계 1등일 가능성이 가장 높다.

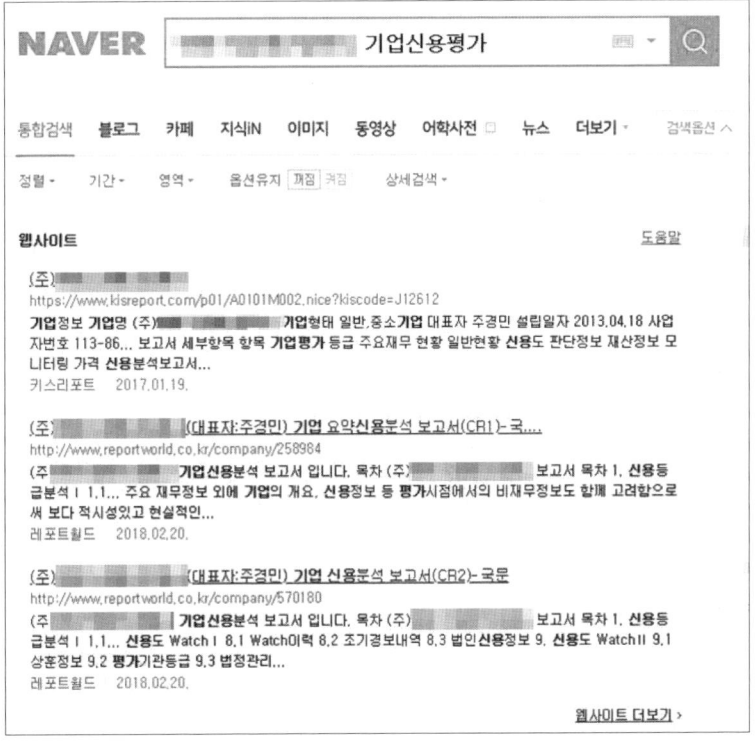

〈기업신용평가 보고서 검색 예시〉

만약 1등 기업이 상장기업이라면 회사의 재무 상태를 매우 쉽게 찾아볼 수 있다. 하지만 그렇지 않은 경우라면 기업신용평가보고서를 찾아보는 것이 가장 현명한 방법이다. 포털 사이트 검색창에 '기업명+기업신용평가'를 검색해 보면 공개된 기업에 한해서 기업의 재무상태, 지배구조, 종업원 수, 평균 연봉 등을 확인할 수 있다.

기업의 업계 순위 및 재무 상태에 대한 정보는 시장 분석뿐만 아니라 M&A, 기업 제휴 등 다양한 비즈니스 영역에서 상대 기업의 실체를 파악하는 데 매우 유용하게 사용될 수 있다. 필자도 이러한 정보를 통해 위기를 넘긴 경험이 여러 번 있다. 해당 분야의 업계 1등인 것처럼 제휴를 제안해 오던 기업이 실체는 업계 50위권 미만의 기업이었으며, 안정적인 현금구조로 인수합병을 제안해 오던 기업은 알고 보니 몇 년째 수십억 원이 적자인 상태였다.

마케팅 특히 시장 분석 단계에서는 누가 얼마나 쉽고 빠르게 양질의 데이터를 얻을 수 있는지가 핵심이다. 소개한 몇 가지 도구 이외에도 지속적으로 마케팅 분석 도구를 발굴하고 활용한다면 경쟁력 있는 마케터로 성장할 수 있을 것이다.

〈시장 매력도 판단을 위한 체크리스트〉

시장 매력도 판단을 위한 체크리스트				
1. 시장 규모가 충분히 큰가?	YES ☐ NO ☐	4. 경쟁사대비 자사의 경쟁우위가 있는가?	YES ☐ NO ☐
2. 시장 규모가 성장하고 있는가?	YES ☐ NO ☐	5. 명확한 1~3등 경쟁사가 없는 시장인가?	YES ☐ NO ☐
3. 소비자는 구매력이 있는가?	YES ☐ NO ☐	6. 업계 1등은 돈을 벌고 있는가?	YES ☐ NO ☐

※ YES가 많을수록 매력적인 시장으로 판단할 수 있다.

3
4가지 변수의 적용

A기업의 마케팅 데이터		
구분	Data	4가지 변수
마케팅 예산	1,000,000원	프레임, 노출효율, 콘텐츠
방문자	10,000명	
CAC	100원	
구매전환율	5%	프레임, 제품 매력, 콘텐츠
상품단가	10,000원	
매출	5,000,000	
분석기간 내 재구매율	10%	
재구매 매출	500,000	
총 매출	5,500,000	
ROI	550%	

〈마케팅 지표 분석 예시〉

 마케팅을 구성하는 4가지 변수를 기업에 적용하려면 반드시 정량지표가 필요하다. 정확한 측정이 이루어지지 않는다면 모든 마케팅 활동은 헛수고로 돌아갈 뿐만 아니라 발전해야 하는 방향을 잃게 된다. 그리고 매달 어디에서부터 다시 시작해야 할지 고민에 빠지게 된다.

 지표 기반의 성장을 꿈꾼다면 고객이 유입되는 시작점부터 재구매되는 지점까지를 단계별로 지표화하고, 마케팅 변수를 통제하여 각 지표를 상승할 수 있는 방법을 고민하고 실행하는 것이 중요하다.

다시 한번 정리하자면, 퍼포먼스를 높이는 마케팅 활동이란 CAC를 최소화하고 LTV를 극대화하는 과정이다. 그리고 그 목표를 달성하기 위해 마케팅의 4가지 변수가 사용된다. 먼저, 고객 유입당 단가(CAC)를 최소화하기 위해서는 4가지 변수 중 프레임, 노출 효율, 콘텐츠를 고도화하는 것이 필요하다. 그리고 유입된 고객이 더 많이 구입하고, 재구매하고, 바이럴(입소문)이 발생하게 하여 고객 생애 가치(LTV)를 극대화하기 위해서는 프레임과 제품의 매력을 고도화해야 한다. 1등 DNA는 이러한 모든 과정에 공통적으로 적용해야 한다.

4가지 변수를 활용한 마케팅 고도화 실무

. .

A기업의 마케팅 데이터		
구분	Data(before)	Data(after)
마케팅 예산	1,000,000원	1,000,000원
방문자	10,000명	12,000명
CAC	100원	83원
구매전환율	5%	5%
상품단가	10,000원	10,000원
매출	5,000,000	6,000,000
분석기간 내 재구매율	10%	10%
재구매 매출	500,000	600,000
총 매출	5,500,000	6,600,000
ROI	550%	660%

〈CAC가 20% 개선되었을 때 지표 변화〉

매월 100만 원의 마케팅 비용을 지출하는 A기업에서 설문조사를 활용한 간단한 노출 효율화 작업을 통해 CAC를 20% 상승시켰다고 가정해 보자. CAC가 20% 상승하게 되면 동일한 마케팅 비용이 투입되어도 매출이 증가하게 되고 ROI도 함께 상승하게 되어 기존 대비 20% 향상된 수익을 얻을 수 있다. 만약 노출 효율뿐만 아니라 프레임, 콘텐츠 등의 변수까지 함께 적용하여 CAC를 200% 수준까지 올릴 수 있게 된다면 매출도 비례하여 상승하게 될 것이다. 만약 제품의 영업이익률이 20% 미만이라 ROI가 550%일 때 적자 상태이거나 혹은 간신히 BEP를 맞춘 상황이었다면, 노출효율을 통한 CAC 개선을 통해 흑자 기업으로 성장할 수도 있는 것이다.

A기업의 마케팅 데이터		
구분	Data(before)	Data(after)
마케팅 예산	1,000,000원	1,000,000원
방문자	12,000명	12,000명
CAC	830원	830원
구매전환율	5%	10%
상품단가	10,000원	10,000원
매출	6,000,000	12,000,000
분석기간 내 재구매율	10%	20%
재구매 매출	600,000	2,400,000
총 매출	6,600,000	14,400,000
ROI	660%	1,440%

〈구매전환율 10%, 재구매율 20%로 개선되었을 때 지표 변화〉

동일한 A기업에서 프레임 변화, 제품 매력 고도화 그리고 프로모션 기획을 통해 구매전환율, 재구매율이 상승했다고 가정해 보자. 동일한 마케팅 효율이어도 비즈니스의 LTV를 극대화할 수 있는 변수들이 추가되면서 기업의 매출이 2배 이상 상승하는 것을 확인할 수 있다.

마케팅은 개발팀에서 만들어 준 제품을 판매하는 과정이 아니다. 그리고 크리에이티브와 느낌만으로 이루어지는 것은 더더욱 아니다. 마케팅은 시장을 이해하고, 방향을 설정하고, 제품을 개발하며, 판매하고, 성장하게 하는 종합적인 비즈니스 활동이다. 그렇기 때문에 매우 다양한 비즈니스 방법론이 사용되고 그러한 방법론을 어떠한 프로세스로 구축하고, 데이터와 접목하여 회사에 적용하는가에 따라서 마케팅의 성과는 극명하게 달라진다.

4가지 변수는 마케팅 실무에 적용할 수 있는 비교적 간단한 방법이다. 데이터 마이닝을 전공하지 않아도 활용할 수 있으며, 영상이나 시각디자인 전문가가 아니어도 쉽게 활용할 수 있다. 즉, 기존의 마케팅을 어떠한 구조로 바라볼지, 간단한 지표를 통해 현재를 확인하여, 개선해 나아갈 방향을 찾는 나침반과 같은 장치인 것이다. 마케팅을 4가지 구조로 이해하고 실행하는 간단한 사고의 전환으로도 개인의 성장과 마케팅의 성과는 매우 달라질 수 있다.

4
성장 시기별 마케팅 전략

    마케팅의 구조를 이해해도 실무는 언제나 어렵다. 특히, 마케팅에 투입할 수 있는 자원이 제한된 상황에서 현재 우리 기업은 어떤 마케팅 활동에 조금 더 집중해야 하는지 고민이 된다. 기업의 성장에는 과정이 있고, 과정별 마케팅이 담당해야 하는 역할은 다르다. 그리고 마케팅 담당자는 단계별 조금 더 집중해야 하는 마케팅 분야를 파악하고, 해당 분야에 집중하여 기업을 다음 단계로 성장시켜 나아가는 핵심적인 역할을 해야 한다. 지금부터 기업의 성장 단계를 4단계로 구분하고, 단계별 핵심 마케팅 활동에 대해 알아보자.

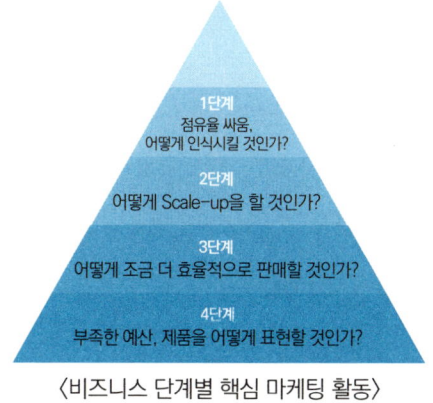

〈비즈니스 단계별 핵심 마케팅 활동〉

1단계(도입기): 부족한 예산, 제품을 어떻게 표현할 것인가?

. .

첫 번째는 초기 창업 단계이다. 1단계 기업의 특징은 대부분 1~3년 차 기업이며, 제품은 론칭한 상태이다. 그리고 마케팅 예산이 부족하고 매출이 거의 없는 상황이다. 마케팅을 구성하는 4가지 변수 중 대부분은 적게라도 비용이 수반되는 변수들이다. 하지만 프레임과 제품 매력 부분은 현금 투입이 아닌 기업 내 인적 자원 투입으로도 지표를 상승시킬 수 있다. 그렇기 때문에 초기 창업 단계에서는 제품을 고도화하고, 다양한 관점으로 제품을 포장하여 가치를 극대화하고, 극대화된 가치를 잘 전달하는 것에 집중하는 것이 중요하다.

2단계(성장기): 어떻게 조금 더 효율적으로 판매할 것인가?

. .

두 번째 단계는 안정화 단계이다. 안정화 단계의 특징은 대부분 3~7년 차 기업이며 마케팅을 통해 CAC<LTV 지점을 넘긴 상황이다. 하지만 현재 매출에 만족하지 못하고 더 높은 매출과 시장점유율 확장에 대한 고민이 시작되는 시점이다. 모든 마케팅 단계에서 4가지 변수는 큰 역량을 발휘하지만 특히 안정화 단계에서 가장 좋은 효과를 보

인다. 안정화 단계에는 규모의 차이는 있지만 대부분 마케팅에 투입할 수 있는 자금 및 인적 자원이 존재한다. 그렇기 때문에 4가지 변수에 대해 지속적으로 고도화하면서 마케팅 효율을 한계지점까지 올리는 것이 중요하다.

3단계(성숙기): 어떻게 스케일 업(Scale-up)을 할 것인가?

회사의 매출이 오르고 지갑이 두둑해지는 성장기를 거치면 대부분의 기업은 정체기를 맞이하게 된다. 성장기를 거쳐 오면서 대부분의 마케팅 채널은 사용해 보았으며, 트렌디한 콘텐츠도 대부분 시도해 보았을 것이다. 그리고 각각의 지표들은 효율의 한계 지점에 다다른 상황일 것이다. 동일한 매출이어도 성장하는 기업과 정체기의 기업은 경영진이 느끼는 스트레스나 기업 내 분위기가 매우 다르다. 정체기에 들어서는 순간 혹시나 매출이 떨어지지는 않을까 그리고 일자리가 없어지지 않을까 하는 불안감이 점점 커지고, 더 이상 성장할 수 없다는 생각에 조직의 분위기가 침체되기도 한다. 이러한 시기에는 어떻게 마케팅을 해야 할까? 기업이 다시 한번 도약해야 하는 스케일 업(scale-up) 단계에서는 프레임의 변화와 새로운 채널 발굴이 마케팅의 핵심 역할이 된다.

최근 치킨 광고를 보면 간식이나 술안주가 아닌 밥반찬으로 프레임을 변화하였다. 헬스장은 3040 직장인들의 만남의 장소로 변화하고 있다. 프레임의 변화를 통해 동일한 제품을 새로운 시장으로 진입시켜 스케일 업을 하는 것이다.

마케터들은 '옥션'에 상품을 등록하면 '지마켓'에는 등록하지 않는 경우가 있다. 그리고 네이버 포스트에 글을 올리면 블로그는 사용하지 않는 경우도 있다. 그리고 텔레비전 광고를 하면 다른 디지털 채널을 통한 마케팅을 진행하지 않는 경우도 많다. 그 이유를 물어보면 '결국 소비자가 봤을 텐데 굳이 두 번 올릴 필요가 있는가?'라고 답한다.

실제 소비자는 그럴까? 전혀 그렇지 않다. 대부분의 소비자는 다양한 채널을 이용하는 것이 아니라 본인이 익숙하게 사용하고 있는 몇 가지 채널을 통해 물건을 구입하고 새로운 정보를 습득한다. 텔레비전, 페이스북, 인스타그램 등을 포함해서 대부분의 매체에는 해당 매체만 집중적으로 이용하는 소비자가 분포해 있다. 즉, 다양한 채널 중 아직 시도하지 않은 채널이 있다면, 해당 채널 노출을 통해 아직 우리 제품을 접해 보지 못한 소비자에게 광고를 할 수 있는 것이다.

새로운 마케팅 채널이 있다면 그 채널에는 아직 우리가 만나 보지 못한 소비자가 있을 수 있다. 만약 기존에 우리 회사의 광고를 접한 소비자들이 있다고 해도, 새로운 채널에서는 채널의 특성 때문에 우리의 광고가 다르게 보일 수 있다. 같은 회사의 광고여도 텔레비전에서는 제품이 매력적으로 보이지 않았지만, 블로그 후기를 통해서 보았더니 갑자기 구매하고 싶은 동기가 생길 수 있다. 스케일 업을 원한다면 이렇게 새로운 채널을 지속적으로 발굴하고 시도하여 마케팅 사각지대를 최소화하는 것이 중요하다.

4단계(정체기): 점유율 싸움, 어떻게 인식시킬 것인가?

∙ ∙

도입, 성장, 성숙기를 거쳐 온 시장은 정체기가 찾아온다. 이 시기에는 새롭게 스케일 업할 수 있는 시장이 존재하지 않으며, 업계의 1, 2, 3등이 명확하게 정의된 상황이다. 막강한 기존 경쟁자들 때문에 새롭게 진입하는 플레이어는 대부분 실패로 이어지며, 상위에 있는 1, 2, 3등 기업들은 시장 점유율을 높이기 위해 치열한 경쟁을 한다. 성장하는 시장에서 새로운 고객을 유치하는 것이 아니라, 서로의 고객을 뺏어 오지 않으면 살아남을 수 없는 상황인 것이다.

정체기에서는 스케일 업과 효율성 향상이 불가능하다. 이때부터는 결국 '우리의 제품을 경쟁자보다 더 가치 있게 인식시키는 것'이 중요하다. 즉, 브랜딩이 중요해지는 것이다. 스타트업 또는 중소기업의 마케터가 보기에는 브랜딩에만 수천억 원을 쏟아붓는 대기업의 마케팅 방식이 잘 이해가 가지 않을 수도 있다. 하지만 정체기에 들어선 대기업은 회사의 존재와 제품은 이미 소비자가 알고 있기 때문에 관점과 인식을 바꾸는 것 이외에는 할 수 있는 방법이 없는 것이 현실이다(대기업을 상대하는 종합광고대행사는 크리에이티브에 집중하고, 중소기업을 상대하는 마케팅 회사는 퍼포먼스에 집중되어 있는 것을 보면 조금 더 쉽게 이해할 수 있다). 뻔한 이야기일 수 있지만 인식의 싸움에서는 기업이 추구하는 본질적인 가치와 소비자의 니즈가 일치하게 하는 것이 중요하다. 그리고 그 가치가 노이즈 없이 전달될 수 있도록 적합한 콘텐츠와 메시지를 소비자에게 효율적으로 전달하는 것이 중요하다.

5
가치의 시각화와 경쟁우위

소비자는 제품을 구입하기 위해서 많은 양의 정보를 취합하고 분석하여 그중 최선의 선택을 한다. 만약 제품 금액이 높고 오랫동안 사용하는 고관여 제품이라면 소비자에게 정보는 더욱 중요해진다. 만약 우리 회사의 제품을 소비자가 온라인을 통해 취득할 수 있는 정보로만 평가하여 구매한다면 홈페이지, 상세페이지 등에는 우리 제품을 구입해야만 하는 이유가 충분히 설명되어 있어야 한다. 하지만 많은 기업의 마케터가 우리 제품이 갖고 있는 다양한 매력을 소비자에게 충분히 전달하고 있지 않은 경우가 많다. 만약 아래 체크리스트 중 하나라도 해당한다면 우리는 제품을 소비자에게 제대로 표현하지 못하고 있는 것이다.

1. 홈페이지 방문자 대비 구매 전환율이 3% 미만이다.	☐
2. 오프라인에서 잘 팔리는 제품이 온라인에서는 판매량이 미비하다.	☐
3. 제품 경쟁력은 1등인데, 실제 매출은 1등이 아니다.	☐
4. 제품의 실제 강점이 홈페이지와 마케팅 콘텐츠에 표현되어 있지 않다.	☐
5. 경쟁사의 온라인 사업이 왜 잘되는지 도저히 모르겠다.	☐

〈가치의 시각화 체크리스트〉

만약 우리 회사 홈페이지의 방문자 대비 구매 전환율이 3% 미만이거나, 오프라인에서는 1등인데 온라인에서는 매출이 1등이 아니라면 가치의 시각화에 대해서 신중하게 고민하고 학습해야 하는 상황이다. 디지털 마케팅을 베이스로 하는 온라인 또는 모바일 비즈니스에서는 좋은 제품을 만드는 것만큼이나 제대로 표현하는 것이 중요하다. 만약 우리 회사의 강점이 10가지가 있고, 경쟁사의 강점이 8가지가 있다고 가정해 보자. 우리 회사는 10가지 중 5가지만 온라인에 표현하였고, 경쟁사는 8가지 모두를 표현하였다면 소비자는 경쟁사를 선택하게 되는 것이다. 소비자는 잘 만들어진 서비스를 선택하는 것이 아니라 더 좋아 보이게 표현된 서비스를 선택한다.

매력적인 제품으로 표현하는 방법

서비스의 메인 페이지 또는 쇼핑몰의 상세페이지를 더욱 매력적으로 고도화를 하려면 어떤 단계로 진행해야 할까? 많은 마케터와 기획 담당자가 가장 고민하는 영역이다. 제품 또는 서비스를 매력적으로 표현하는 방법은 예상보다 간단하다. 가장 먼저 해야 할 것은 '소비자 구매 고려 요소'를 리스팅하고 해당 항목별로 시각화가 되어 있는지를 체크하고, 부족한 부분을 소비자가 중요하게 생각하는 영역부터 먼저 노출될 수 있게 보완하는 것이다.

소비자구매 고려 요소	시각화 여부	시각화 방법
사이즈 측정의 정확성	Y	
가격	Y	
배송기간	Y	
고객후기	N	최근 구매한 고객 후기 20개를 홈페이지 메인에 게시판 롤링 형태로 표기
구두의 내구성	N	물을 뿌리거나 가위로 흠집을 내보는 영상 상세페이지에 표기
디자인 선택 방법	Y	
A/S	N	3년 무상 A/S 프로모션 배송을 통한 A/S 방법 상세페이지 내 소개
제작과정 및 작업자의 경력	Y	
디자인의 우수성	Y	
제품의 판매량	N	'최근 1년간 1만 개 이상 판매' 문구 메인표기

〈소비자 구매 고려 요소 시각화 체크: 구두 맞춤 제작 서비스 예시〉

맞춤구두를 온라인으로 주문하여 받을 수 있는 서비스를 예를 들어 보자. 오프라인에서만 가능하다고 생각했던 맞춤구두를 온라인으로 구입하게 만들기 위해서는 소비자의 어떠한 구매 고려 요소를 충족해야 할까? 평균 10만 원 수준의 고관여 군에 속하는 제품이기 때문에 소비자는 수십 가지를 요소를 무의식중에 고려할 것이고 우리는 각 요소를 예측하여 표현해야 한다. 예를 들어 소비자가 제품의 내구성과 A/

S 방법에 대해 궁금해할 수 있는데 우리 서비스에는 표현되어 있지 않다면, 해당 항목을 시각화하여 제품별 상세페이지 또는 공지사항 등에 표현해야 한다.

온라인 비즈니스에서는 소비자 구매 고려 요소를 얼마나 많이 알고 있는가에 따라 성패가 결정되는 경우가 많다. 소비자가 우리 회사의 서비스를 이용하기 위해서 어떠한 항목을 고려하는지 이해한다는 것은 해당 시장에 대한 이해도가 있다는 것이다. 만약 경쟁사는 소비자 구매 고려 요소를 20가지를 분석하여 서비스를 구성했는데, 우리 회사는 10가지만 고려해서 구성했다면 경쟁력을 잃게 되고 소비자의 선택을 받지 못할 가능성이 높아지는 것이다.

얼마나 더 많은 요소를 고려하는가와 함께 '수많은 요소 중 소비자가 우선적으로 고려하는 요소는 무엇인가'를 이해하는 것도 중요하다. 온라인 서비스에 소비자가 들어 왔을 때 90% 이상의 소비자는 몇 초 이내에 서비스를 닫는다. 즉, 우리는 몇 초 이내에 소비자가 매력을 느낄 수 있는 2~3가지 요소를 전달해야 한다. 수십 가지 구매 고려 요소 중 소비자가 가장 중요하게 생각하는 핵심 요소가 무엇인지를 알고, 먼저 노출한다면 고객의 마음을 사로잡을 수 있다. 하지만 무엇이 중요한지 이해하지 못하고 모든 요소를 소비자에게 전달하려고 한다면 매력적이지 않은 서비스로 인식되고 결국 구매로 이어지지 못할 것이다.

소비자구매 고려 요소	보유역량	
	A사	B사
디자인	100종류 국내 디자이너	150종류 명품브랜드 출신 디자이너
가격	100,000	100,000
배송기간	3일	3일
고객후기	20개. 4.9점/5점	20개. 4.9점/5점
…………	…………	…………

〈경쟁우위〉

　소비자 구매 고려 요소와 우선순위만 알고 있다고 해서 모든 마케팅이 성공으로 이어지는 것은 아니다. 마지막으로 필요한 것은 해당 구매 고려 요소를 실제 실행할 수 있고, 경쟁사보다 더 높은 가치를 소비자에게 제공할 수 있는 기업의 역량이다. 즉, 경쟁우위이다. 구두 맞춤 서비스에서 소비자가 가장 고려하는 요소가 '디자인'이라고 가정해보자. A사와 B사 모두 해당 부분이 중요하다는 사실은 인지하고 있다. 그리고 시각화도 완료하였다. 하지만 A사는 100종류의 디자인과 국내 디자이너를 보유하고 있는 반면, B사는 1.5배의 디자인과 명품 브랜드 출신의 디자이너를 보유하고 있다. 소비자가 B사를 발견하지 못한 경우를 제외한다면 대부분의 소비자는 B사에서 제품을 구입할 것이다.

　마케팅은 전사적인 비즈니스 활동이다. 그리고 시장에서 우리 회사의 부족한 역량이 무엇인지를 가장 먼저 파악할 수 있는 구성원은 당연히 마케터이다. 마케터가 해야 할 일 중 가장 중요한 것은 시장에서 우리 회사의 부족한 역량이 무엇인지를 파악하고, 해당 부분을 경영진과 협의하여 보완해 나아가는 것이다. 이러한 노력을 마케터가 멈춘다면 회사는 몇 년 뒤 시장을 이해하지 못한 대가로 데스밸리로 향하게 될 것이다. 기억하라. 표현에 있어서 가장 중요한 것은 '우리 제품을 사야만 하는 이유'를 정의하고 그것을 '만들고 표현하는 것'이다.

1등은 우리 것을 이용해야 하는 이유를 지속적으로 늘려가는 자의 것이다

. .

경쟁자보다 더 많은 항목에서 우위를 점한다고 해서 마케팅 경쟁이 끝나는 것은 아니다. 대부분의 똑똑한 경쟁자들은 우리 회사에서 만들어 낸 경쟁우위를 따라 하게 되고 금세 우리 회사는 경쟁력을 잃게 된다. 그렇기 때문에 업계에서 1등이 되거나 혹은 1등을 유지하기 위해서는 '우리 것을 이용해야 하는 이유'를 지속적으로 발굴하고 늘려나가며 시각화하는 것이 중요하다.

애완동물의 간식을 정기적으로 배송해 주는 서비스인 A사의 예를 들어보자. A사는 20가지의 소비자 구매 고려 요소 중 모든 항목에서 경쟁이 치열해지자 새로운 경쟁우위 포인트를 고민하게 되었고, 방송을 활용한 PPL 마케팅에 도전하였다. 경쟁사와 다르게 방송에 출연한 내용이 홈페이지에 소개되며 사이트의 신뢰도는 상승하게 되었고 업계

1등으로 3개월 만에 성장할 수 있게 되었다. 하지만 이를 눈치챈 경쟁사들도 빠르게 PPL을 진행하였고 불과 몇 개월 만에 1등의 자리를 유지하는 데 어려움을 겪게 되었다. A사의 대표는 또 한 번의 경쟁우위 확보를 위해 언론사 브랜드 수상과 함께 월 주문량을 공개하였다. 이러한 마케팅 활동은 소비자의 신뢰와 함께 '가장 많은 소비자가 구매하는 서비스'라는 인식을 심어 주게 되었고, 다시 한 번 1등으로 도약할 수 있는 기회가 되었다. 하지만 불과 몇 개월 뒤 경쟁사도 언론사 브랜드 대상 수상과 거래량을 공개하게 되었고, A사의 대표자는 또다시 새로운 방안을 모색하게 되었다. 반복되는 경쟁 속에 어려움도 있었지만 결국 A사는 경쟁자보다 매번 한발 먼저 소비자가 우리 제품을 구입해야 하는 이유를 만들며 1등을 유지하고 있다.

    디지털 마케팅을 중심으로 하는 비즈니스 현장에서 마케터는 이러한 상황을 반복해서 마주하게 된다. 시장의 흐름을 이끌어 가는 리더가 될 것인가, 시장의 흐름을 따라가기 바쁜 팔로워가 될 것인가? 만약 마케터 스스로 우리 회사를 업계 1등으로 만들고 싶다면 경쟁우위 요소를 발굴하고 누구보다 빠르게 실행하고 고도화하는 1등 DNA를 스스로 만들 필요가 있다.

6
채널 전략

국내에서 마케터가 활용할 수 있는 디지털 마케팅 채널은 수백 가지가 넘는다. 주요 포털 사이트 광고만 해도 수십 가지가 넘을 뿐만 아니라 대부분의 온라인 기반 서비스에서는 광고 수익 모델을 갖고 있다. 또한 전통적인 채널인 텔레비전 광고와 함께 지역 케이블 방송, IPTV 그리고 디지털사이니즈까지 포함한다면 그 영역은 더욱 넓어진다. 마케팅 채널이 많다는 것은 마케터에게는 전쟁터에서 싸울 때 활용할 수 있는 무기가 많다는 의미일 수도 있지만, 한편으로는 대체 어떤 채널을 먼저 사용해야 하고, 기업의 성장 단계 맞춰 어떻게 활용해야 할지 고민해야 한다는 의미이기도 하다. 그렇다 보니 채널 전략에 대한 경험과 체계가 명확히 정리되지 않는 상태에서는 비효율적인 채널에 마케팅을 집행하여 실패로 이어지는 경우가 허다하다.

〈단계별 시장 크기 측정〉

그렇다면 채널 전략의 핵심은 무엇일까. 채널 전략의 핵심은 '가장 낮은 채널 비용으로 최대한의 성과를 만들어 내는 것'이다. 최소비용으로 최대의 효과를 만들어 내기 위해서는 먼저 타겟팅이 잘되어 있어서 효율이 높을 것으로 예상되는 채널부터 순차적으로 광고 콘텐츠를 노출해 나가는 것이 필요하다.

순서를 정하기 위해서는 먼저 시장을 타겟팅이 정교한 순서별로 나열해 봐야 한다. 일반적으로 시장 분석을 할 때는 시장을 크게 위와 같은 3단계로 구분한다. 우리 제품을 이용하고자 하는 타깃시장(SOM) 그리고 우리 제품을 대체재로 활용할 수 있는 유효시장(SAM) 마지막으로 전체시장(TAM)이다. 효과적인 채널 전략이란 결국 SOM→SAM→TAM 순서로 마케팅을 진행하는 것이다. 이해를 돕기 위해 아래 예를 살펴보자.

연남동에서 월 매출 3천만 원 규모의 파스타 매장을 운영하고 있는 A 대표는 매출 향상을 위해 디지털 마케팅을 고민하게 되었고, 전문가에게 조언을 받아 채널 단계별 마케팅을 진행하게 되었다. 가장 먼저 노출해야 할 타깃시장은 포털 사이트를 통해 '연남동 맛집', '연남동 파스타', '연남동 레스토랑'을 검색하는 타깃 고객이라고 정의하였다. 그리고 파워링크, 블로그 등을 통해 노출을 진행하였고, 매출은 4천만 원까지 상승하였다. 하지만 매장 규모가 커서 더 많은 매출이 발생해야만 손익분기점을 넘을 수 있기 때문에 유효시장에 대한 채널 전략을 추가로 수립하게 되었다. 유효시장으로 잡은 타깃은 포털 사이트 검색창에서 '연남동 가볼 만한 곳', '연남동 데이트코스' 등 맛집을 직접적으로 검색하지는 않지만 고객으로 유입될 가능성이 있는 고객과 함께 인근 홍대, 신촌 상권에서 맛집을 검색하는 고객을 타깃으로 정의하였다. 그리고 타깃시장과 동일하게 노출광고를 진행하게 되어 매출을 5천만 원까지 상승시켰다. 매출이 오르며 손익분기점에는 도달하였지만 더 높은 매출에 대한 갈증이 생긴 A 대표는 마지막 전체 시장 노출을 위한 고민을 시작하였다. 전체 시장은 대한민국 국민이었고, 전국 단위 유명 페이스북 페이지와 인플루언서, 그리고 케이블 텔레비전 광고를 집행하여 매출을 9천만 원까지 상승시켰다. 전국에서 유명한 맛집이 된 매장은 100개 매장을 보유한 프랜차이즈로 성장할 수 있게 되었다.

마케팅 퍼포먼스가 잘 나오기 위해서는 당연히 우리 제품을 구입하고자 하는 니즈가 있는 타깃시장(SOM)에 노출을 해야 한다. 하지만 모든 마케팅 채널에는 한계 지점이 있다. 그리고 그 한계 지점에 다다르게 되면 매출은 정체된다. 정체된 매출을 높이기 위해서는 타깃시장보다 정교함은 떨어지지만 노출 시 구매전환 가능성이 있는 유효시장(SAM)에 노출을 해야 하고, 유효시장에서 한계지점이 발생하게 되면 마지막으로 전체시장(TAM)을 대상으로 마케팅을 진행해야 한다.

채널 전략에서 필수적으로 이해해야 할 부분은 타깃시장에서 유효시장, 유효시장에서 전체시장으로 채널이 확장될 때 효율이 급격히 떨어질 수 있다는 점이다. 하지만 그 단계에서 비효율을 효율로 만들어 낼 수 있다면 시장이 열리고 확장되어 기업이 J커브를 그릴 기회를 잡을 수 있다.

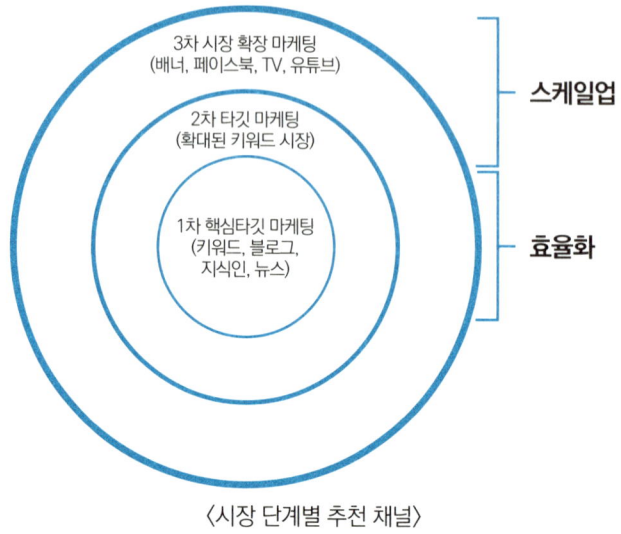

〈시장 단계별 추천 채널〉

구조적인 이해가 끝났다면 마케팅 실무에 적용할 수 있는 채널 전략을 살펴보자. 대부분 기업의 마케팅에서 타깃시장의 점유율을 높일 수 있는 가장 좋은 채널은 포털 사이트 검색 광고 영역이다. 검색광고는 파워링크 영역뿐만 아니라 블로그, 카페, 포스트, 뉴스 등의 영역도 포함된다. 검색광고 영역은 우리 서비스를 실제 구입할 의지가 있는 소비자의 흐름이 있는 영역이기 때문에 마케팅 채널 전략 수립 시 가장 먼저 할당해야 하는 부분이다.

검색영역에서의 노출이 한계점에 도달하였다면, 그다음 영역은 확대된 검색광고이다. 노출하는 방법은 동일하지만 키워드를 고객으로 연결될 수 있는 유효 키워드까지 최대한 확장하는 것이다. 예를 들어 다이어트 용품이라면 다이어트 수술 키워드까지, 맛집이라면 데이트 코

스까지 그리고 요가라면 헬스 또는 PT까지 확장하는 것이다. 검색광고 영역에서 더 이상의 효율을 기대하기 힘들다면 그 다음으로 확장할 수 있는 채널은 페이스북, 인스타그램, 배너, IPTV 등의 채널이다. 페이스북 등의 채널들도 물론 어느 정도의 타겟팅은 가능하다. 하지만 검색 노출은 실제 해당 제품을 구입하기 위해 스스로 움직이는 수준까지 니즈가 커진 상태인 소비자인 반면, 페이스북, 배너 등은 검색 소비자에 비해 니즈가 작기 때문에 반응 정도의 차이는 클 수밖에 없다.

마케팅 그리고 채널 전략의 가장 큰 목적은 동일 비용 최대 효율이다. 최대 효율을 만들어 내기 위해서는 해당 제품을 구입하고 싶은 니즈가 가장 큰 소비자가 몰려 있는 채널에 먼저 노출하는 것이 우선이라는 본질을 기억한다면 채널 전략은 조금 더 쉬워질 것이다.

채널 전략의 핵심은 노출의 누적이다

더 낮은 비용으로 더 많은 노출을 고민하다 보니 대부분의 마케터들은 '어떻게 하면 키워드당 노출 비용을 더 저렴하게 할 수 있을까?'에 대해서만 고민하는 경우가 많다. 그렇기 때문에 더 싸게 해주는 광고대행사를 찾기 위해 매월 대행사를 교체하거나, 외부에 지출되는 비용을 줄이기 위해 직접 블로그를 육성하기도 한다. 그리고 메인 키워드 한두 개에 상위 노출을 유지하면 만족스러운 결과가 나오고 있다며 자축한다.

키워드	월 비용	검색량	1월	2월	3월	4월
여성 의류 쇼핑몰	60만 원	9,000	미노출			
쇼핑몰 추천	20만 원	5,000	타깃	노출	노출	노출
여성 의류 쇼핑몰 추천	15만 원	2,500		타깃	노출	노출
여성쇼핑몰	10만 원	15,00		타깃	노출	노출
…………			…………	…………	…………	…………

〈검색광고 노출 금액 분산 예시〉

얼핏 생각하기에는 몇 개의 키워드 상위 노출을 아주 저렴한 가격에 유지하고 있는 마케터가 능력 있어 보일 수 있다. 하지만 노출 전략의 핵심은 싼 가격으로 하는 것이 아니라 노출을 누적하여 눈덩이가 커지듯 노출량을 키워 가는 것이 핵심이다.

여성 의류 쇼핑몰 채널 전략 사례를 살펴보자. 위의 예시 기업은 매월 2개 키워드씩 노출 영역을 확장시켜 가고 있다. 매월 2개 키워드씩 노출 영역을 확장해 가면 10개월 뒤에는 20개, 20개월 뒤에는 40개의 키워드에서 노출을 유지하게 되고, 한두 개의 키워드에 집중하고 있는 경쟁사 대비 훨씬 더 많은 노출로 고객을 유입할 수 있게 된다.

여기에는 두 가지 마케팅 노하우가 숨어 있다. 첫 번째는 노출 금액의 분산에 대한 부분이다. 예를 들어 메인 키워드인 '여성 의류 쇼핑몰' 키워드는 월 비용이 60만 원이지만 검색량은 1만 건이다. 여성 의류 쇼핑몰 키워드 1개를 지속적으로 상위노출하는 것보다 다른 3개 키워드를 상위노출하게 되면 더 낮은 비용으로 더 많은 키워드에 노출이 가능해진다.

키워드	검색량	1월	2월	3월	4월
여성 의류 쇼핑몰	9,000	포스팅 (10만 원)	노출 유지	노출 유지	노출 유지
쇼핑몰 추천	5,000		포스팅 (10만 원)	노출 유지	노출 유지
여성 의류 쇼핑몰 추천	2,500			포스팅 (10만 원)	노출 유지
여성 쇼핑몰	15,00				포스팅 (10만 원)
....		....	....	....	....

〈검색광고 노출 금액 분산 예시〉

두 번째는 누적이 가능한 채널을 활용하는 것이다. 대부분의 검색광고, 배너 광고는 비용이 지출되고 있는 순간에만 노출이 활성화되기 때문에 비용을 늘리지 않으면 노출량이 증가하지 않는다. 하지만 블로그, 포스트, 카페, 뉴스 등은 한 번 비용을 투입하면 그 콘텐츠는 삭제되지 않고 경우에 따라 몇 개월 이상 노출이 유지되기도 한다. 이러한 채널의 특성을 활용한다면 매달 새로운 키워드에 노출을 진행하여 누적할 경우 4~5개월 뒤에는 1개월 비용으로도 4~5배 이상의 노출 효과를 기대할 수 있다.

일반적인 방법으로는 1등이 될 수 없다. 1등은 항상 그들만의 숨겨

진 노하우가 있다. 채널 전략에서의 노출 누적이 바로 그것이다. 마케팅 효율이 높은 기업들은 다양한 채널의 특성을 활용하여 노출누적을 매달 지속하고 있다. 그리고 지속된 노출의 누적은 효율 관점의 진입 장벽을 구축하여 새로 진입한 기업이 도저히 따라올 수 없는 노출 효율을 만들어 낸다. 매달 100만 원씩 20개월을 누적한 기업은 매달 2천만 원의 마케팅 효과를 누리게 된다. 만약 새로 진입하는 기업이 처음부터 매월 2천만 원의 마케팅 비용을 집행한다 하더라도 누적에 대한 노하우가 없다면 몇 달 뒤 노출 효율 경쟁에서 승리할 수 없게 된다.

STEP 04

바로 적용해 볼 수 있는 실무 노하우

1
페이스북을 활용한 시장 검증 방법

　마케팅 실무에서는 앞으로의 결과에 대해 모험을 해야 하는 경우가 종종 있다. 결과가 잘될 것이라는 예측을 믿고 큰 비용을 미리 투입해야 하는 상당히 도전적인 일이 많다는 것이다. 예를 들어 광고 영상을 제작할 때도 기획한 스토리보드가 소비자에게 반응이 좋을 것이라는 예상으로 억 단위 제작비용을 투입하고, 영상이 완성되면 또다시 억 단위 매체비를 투입하여 광고를 집행한다. 하지만 매번 투입 대비 수익이 좋은 결과로 이어지지는 않는다. 또 다른 경우로는 제품의 콘셉트(또는 포지셔닝)에 대한 것이다. 시장조사를 통해 타깃시장을 정의하고 그들이 만족할 만한 콘셉트로 제품을 제조한다. 그리고 생산라인을 구축하고, 양산하여 마케팅을 진행한다. 안타깝게도 이 또한 성공으로 이어지는 확률보다는 실패로 이어지는 확률이 훨씬 더 높다.

　기업의 제품과 소비자의 연결점에 대한 의사결정을 책임지는 마케터는 사업가와 마찬가지로 수많은 리스크와 도전적인 환경에 노출되어 있다. 만약 베팅을 해야 하는 시점에서 한 번의 완충장치가 있다면 어떨까? 광고 영상을 제작하기 전 스토리보드를 고객에게 노출하여 그들의 반응을 미리 볼 수 있거나, 제품 기획 단계에서 A/B Test를 통해 소비자가 조금 더 원하는 방향으로 전략을 수정할 수 있다면 마케터 스스로 부담감을 줄일 수 있을 뿐만 아니라 결과에 대한 예측도 보다 수월하게 할 수 있다. 이러한 장치는 기존에도 존재해 왔다. 하지만 높은 비용부담과 수개월이 소요되는 기간 문제로 진행이 어려웠을 뿐이다.

흥미롭게도, 페이스북을 활용하면 소비자 반응조사, A/B Test를 몇만 원의 비용과 2~3일의 시간만으로도 매우 높은 정확도로 진행할 수 있다. 그리고 우리가 설정한 페르소나(persona)의 볼륨(volume)도 확인할 수 있다.

시장 검증을 위한 페르소나(Persona) 설정

∙ ∙

페이스북을 활용하여 시장 검증 또는 A/B Test를 진행하기 위해서는 먼저 고객을 대표하는 한 명의 가상 인물인 페르소나를 설정해야 한다. 페이스북 시장 검증 목적으로 페르소나를 설정할 때에는 페이스북에서 타겟팅이 가능한 나이, 거주 지역, 성별, 국적, 사용언어, 직업, 관심사, 직장명, 졸업 학교 등을 중심으로 설정하는 것이 좋다. 예를 들어 '21~23세, 한국어, 대한민국 거주, 인문학에 관심, 취미는 페이스북' 등으로 설정할 수 있는 것이다. 페르소나를 먼저 설정하는 이유는 마케팅 관점에서 타겟팅 과정으로 볼 수도 있지만, 또 한 가지 중요한 의미가 있다. 타깃 고객의 볼륨을 확인함과 동시에 시장 검증을 실행하기 위한 타깃을 페이스북 내에 설정하기 위해서다.

〈페이스북 광고시스템 페르소나(persona) 입력 결과〉

위의 화면은 앞서 설정한 페르소나를 페이스북 광고 관리 시스템에 입력한 결과이다. 간단한 입력과정을 통해 우리는 타깃 고객(화면 오른쪽 최대 도달 범위)이 약 1만 6,000명 존재한다는 사실을 확인할 수 있다. 만약 페르소나 선정 및 타깃 규모 확인 과정에서 타깃으로 하는 고객의 수가 너무 적다면 페르소나 설정 과정을 다시 한번 진행하여 더 규모 있는 페르소나를 설정하면 된다. 타깃 규모 확인 기능을 통해 우리는 두세 개의 타깃 중 어떤 타깃의 규모가 더욱 큰지도 비교해 볼 수 있다. 예를 들어 20~25세, 대학생 중 힙합 음악에 관심이 있는 사람은 남, 녀 중 누가 더 많은지 확인이 필요하다면, 두 개의 페르소나를 페이스북에 입력하여 그 규모를 확인해 보면 된다(실제 데이터는 2018년 기준 남성이 약 90만 명, 여성이 약 76만 명으로 남성이 힙합 음악에 더 관심이 있다는 사실을 확인할 수 있다).

A/B Test 방법

A/B Test는 두 가지 안 중 최적의 안을 선택하기 위해 타깃 소비자의 반응을 확인하는 테스트이다. 출판 분야에서는 두 가지의 책 제목 중 하나를 선택하기 위해 사용할 수 있고, 디지털 마케팅 분야에서는 두 가지 광고 영상 기획안 중 한 가지를 최종 선택할 때 사용할 수 있다. 또한 제조 분야에서는 두 가지 각각 다른 기능을 갖고 있는 제품 중 어떤 제품으로 제조를 시작할지 선택할 때 사용할 수 있다.

A안과 B안 중 A안을 소비자가 선택했다고 가정했을 때 왜 소비자가 A안을 더 선호했는지는 알 수 없다는 것이 A/B Test의 일반적으로 알려진 한계점이다. 하지만 다른 시장 검증 방법론들과 대비해 보았을 때 낮은 비용 투입과 짧은 시간 내에 비교적 정확한 확인 조사가 가능하다는 장점 때문에 다양한 분야에서 널리 사용되고 있다. 하지만 대부분의 기업에서는 직원회의를 통해 A/B Test를 진행하거나 고객 중 몇 명을 초청하여 테스트를 진행한다. 하지만 오프라인으로 테스트

가 진행될 경우 조사자의 질문 방법과 조사가 진행되는 환경 그리고 다양한 이해관계 때문에 테스트 결과가 실제 고객의 니즈와를 다르게 나타나는 경우가 종종 발생한다. 예를 들어 A제품보다 B제품이 기능이 더 좋아 보이지만, B제품을 개발하게 될 경우 업무 시간이 늘어나면서 야근이 잦아질 수 있다는 우려 때문에 직원회의에서 A제품을 선택하는 사람이 더 많이 발생할 수도 있다.

스타트업을 위한 사업계획서 작성법	성공적인 자금조달을 위한 스타트업 사업계획서 작성법
〈A안〉	〈B안〉

페이스북을 활용하여 A/B Test를 진행하게 되면 더 짧은 시간에 더 많은 사람을 통해 검증할 수 있을 뿐만 아니라 이해관계 등에 의한 바이러스성 의견이 반영되지 않기 때문에 상대적으로 정확도가 높은 테스트를 진행할 수 있다.

예비창업자 또는 창업 1년 미만 스타트업을 대상으로 사업계획서 작성법을 알려 주는 책 제목 선정을 위한 A/B Test를 진행한다고 가정해 보자.

가장 먼저 해야 할 것은 페르소나를 결정하는 것이다. 페르소나가 결정되었다면 그다음 해야 할 일은 후보군으로 생각하고 있는 두 개의 제목을 이미지 파일로 제작하는 것이다. 그리고 페이스북을 통해 동일한 타깃을 대상으로 두 개의 콘텐츠를 노출하여 두 개의 제목 중 어떤 제목에 소비자가 더 많이 반응하였는지를 확인한다(페이스북에 이미지 게재 및 광고를 설정하는 방법은 인터넷 검색 몇 번으로도 쉽게 찾아 볼 수 있다).

〈페이스북 A/B Test 결과〉

위의 이미지는 동일한 타깃, 동일한 금액, 두 개의 다른 책 제목 콘텐츠를 노출한 결과이다. 여기에서 가장 중요하게 확인할 지표는 게시물 참여당 비용이다. 페이스북은 노출 대비 클릭률, 즉, 소비자가 더 많이 반응하고 클릭한 게시물일수록 게시물 참여당 금액이 낮게 표기된다. 결론적으로 두 개의 책 제목 중 11원으로 표기된 것이 소비자에게 더 많은 선택을 받았고, 소비자가 선호한다는 것이다. 한 가지 더 확인해 보면 도움이 되는 부분은 게시물 참여당 비용이 어느 정도 수준이 되었을 때 소비자가 해당 안을 매력적으로 느끼는지에 대한 절대적인 기준이다. 예를 들어 A/B Test를 진행하였는데 A안은 게시물 참여당 5,000원, B안은 4,500원이라면 B안을 소비자가 더 선호하지만 A안, B안 모두 소비자에게 선택받을 가능성은 0%에 가깝다고 판단할 수 있다.

타깃 및 업종에 따라 다를 수 있으나, 일반적으로 이미지 형태로 페이스북에 노출할 경우 게시물 참여당 비용이 10~30원 이내로 표시될 때 그리고 영상의 경우 10원 미만으로 표기될 때 해당 콘텐츠가 소비자에게 매력적으로 보였다고 평가한다. A/B Test를 진행한다면 두 개의 안 중 어떤 안이 상대적으로 매력적 인지뿐만 아니라 절대적인 관점에서도 시장에서 매력이 있을지 함께 살펴본다면 비즈니스 상황에서 발생할 수 있는 많은 시행착오를 줄일 수 있을 것이다.

Business Tip!
페이스북으로 신규 사업의 사업성 검증하기: 린스타트업

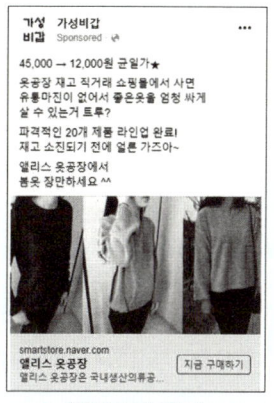

〈페이스북 광고〉

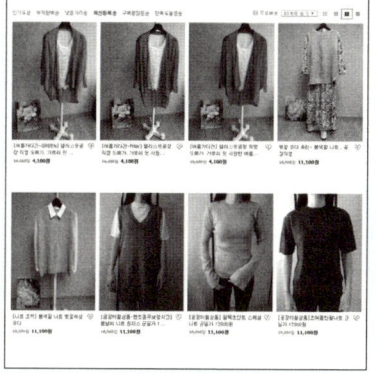

〈최소 기능 구현 제품〉

페이스북의 시장 검증 기능을 활용할 수 있다면 새로운 사업 아이템에 대한 사업성 검증도 쉽게 할 수 있다. 예를 들어 일반적인 쇼핑몰 대비 유통 과정을 축소한 공장 직영 저가 쇼핑몰 아이템을 신규 사업으로 검토하고 있다고 가정해 보자. 전통적인 방법으로 FGI(Focus Group Interview)와 함께 해당 아이템이 출시될 경우 구입 할지에 대한 설문조사를 진행하는 것보다 페이스북과 몇 가지 도구만 활용한다면 보다 정확한 조사가 가능하다.

먼저, 만들고자 하는 쇼핑몰의 최소 기능만 구현된 쇼핑몰을 스토어팜을 통해 개설한 후 몇 개의 샘플 상품 등록한다. 그리고 쇼핑몰의 특성을 설명할 수 있는 광고 이미지 및 카피를 제작하여 페이스북을 통해 타깃 소비자에게 노출한다. 2~3일 노출 후 게시물 참여당 비용 및 CAC, LTV 분석을 진행하게 되면 해당 아이템의 사업성을 예측할 수 있다.

2
1등 기업의 마케팅 전략 벤치마킹 방법

　우리 회사가 업계 1등이 아니라면 마케팅 전략을 수립할 때 가장 먼저 참고하면 좋을 전략은 업계 1등의 전략이다. 특정 업계에서 가장 높은 시장 점유율을 보유하고 있다는 것은 그 시장을 가장 깊이 있게 이해한다는 것이고, 우리 회사가 2~3등 수준으로 성장하기 전까지는 1등의 전략을 벤치마킹하여 운영하는 것이 가장 현명한 방법이다. 하지만 그 어떤 기업도 기업의 성장에 결정적인 역할을 한 마케팅 전략을 경쟁사에게 공유해 주지 않는다. 그렇기 때문에 1등 기업을 벤치마킹하는 것이 가장 성공률이 높은 전략이라는 것을 알면서도 대부분의 기업에서는 별도의 전략을 수립하다가 실패하고 만다.

　많은 기업이 디지털 마케팅에 관심을 갖고 다양한 채널들이 활성화되면서 우리는 다른 기업들이 어떠한 전략을 통해 업계 1등으로 성장하였는지, 또는 특정 시기에 어떤 전략으로 J커브를 만들었는지를 확인할 수 있게 되었다. 그리고 그 전략을 벤치마킹한다면 초기 마케팅 전략 수립에 큰 도움이 될 수 있다.

전략 벤치마킹 1단계: 업계 1등 찾기

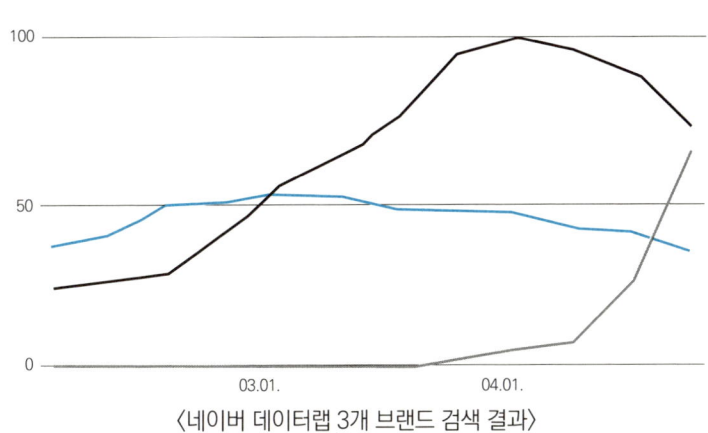

〈네이버 데이터랩 3개 브랜드 검색 결과〉

경쟁사의 전략을 벤치마킹하기 위해서는 먼저 업계 1등이 누구인지를 찾는 것이 중요하다. 앞 장에서 소개한 랭키툴바를 활용하여 1등을 찾는 것도 가능하지만, 순위 변동 및 최근 몇 년간 추이에 대한 분석이 불가능하기 때문에 마케팅 전략을 벤치마킹할 때에는 네이버 데이터랩(datalab.naver.com)을 활용하는 것이 더욱 효과적이다(글로벌 시장의 경우 구글 트렌드를 활용하는 것이 좋다). 네이버 데이터랩을 통해 위의 그래프와 같이 업계 1등으로 추정되는 두세 개의 기업을 검색해 보면 어떤 기업이 최근 급성장하고 있거나 또는 1등인지를 쉽게 확인할 수 있다. 세 개의 그래프 중 가장 아래쪽에 있는 그래프를 눈여겨보자. 4월 1일부터 1등이었던 그래프가 주춤하면서 가장 아래에 위치하고 있는 그래프가 J커브를 그리며 1등으로 성장하고 있다. 우리는 이러한 J커브에 주목할 필요가 있다.

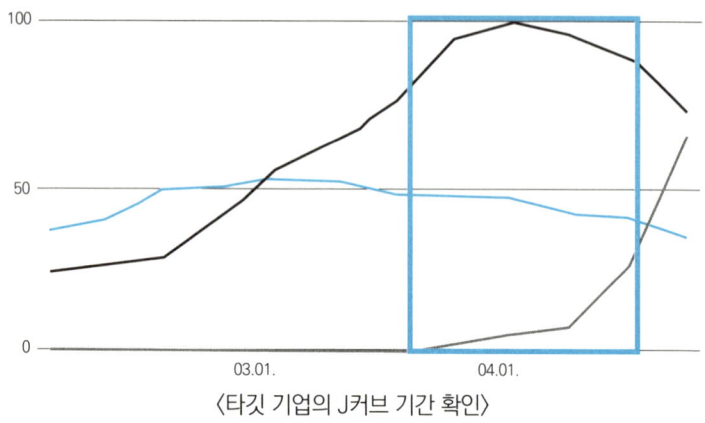

〈타깃 기업의 J커브 기간 확인〉

타깃으로 하는 기업을 선정하였다면 다음 단계는 타깃 기업의 J커브 기간을 확인하는 것이다. 네이버 데이터랩에는 위 그림에서 나타내는 바와 같이 그래프와 함께 날짜가 표기된다. 타깃 기업은 대략 3월 20일~4월 20일 사이에 실행된 마케팅 전략에 의해 J커브를 그리는 것을 확인할 수 있다.

전략 벤치마킹 2단계: 포털, SNS 검색을 통한 추적

J커브 기간이 확인되었다면 다음 단계는 포털 사이트, SNS 검색을 통해 해당 기간에 타깃 기업이 어떠한 마케팅 활동을 하였는지를 검색하는 것이다. 네이버, 다음, 구글 등 대부분의 포털 사이트에는 기간 검

색 기능이 있다. 검색창에 기업명을 검색한 후 기간 검색 기능을 활용하여 검색을 원하는 기간을 설정하면, 해당 기간에 타깃 기업에서 노출시킨 마케팅 콘텐츠의 일부를 확인할 수 있다. 페이스북 등의 SNS는 기간 검색 기능은 없지만, 검색을 통해 해당 기업에서 업로드한 콘텐츠를 확인할 수 있고, 업로드된 날짜를 확인하여 특정 기간에 J커브를 만드는 데 도움이 된 콘텐츠를 확인할 수 있다.

타깃 기업 확인 및 기간 검색 기능을 통해 우리는 경쟁기업의 시기별 마케팅 전략을 확인할 수 있다. 그리고 댓글, 스크랩, 좋아요, 공유 등 소비자의 반응을 확인할 수 있는 장치들을 활용하여 경쟁사가 진행한 다양한 마케팅 캠페인 중 소비자에게 긍정적인 반응을 일으킨 요소를 취합하고, 우리 회사의 전략에 반영할 수 있다.

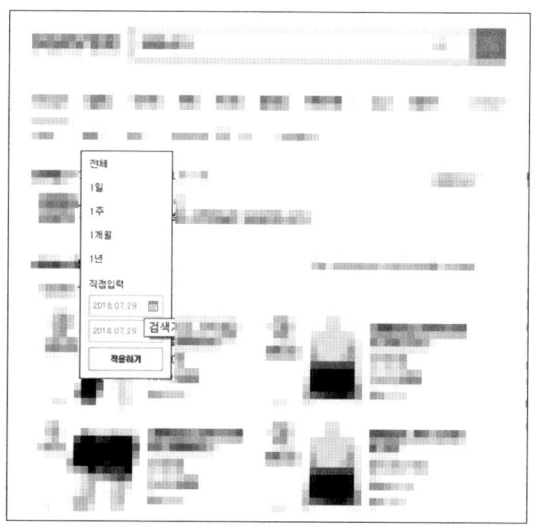

〈포털 사이트 기간 검색 기능〉

마케팅 전략을 수립하다 보면 경쟁사의 전략을 벤치마킹하는 것은 자존심 상하는 행동이라 생각하여 벤치마킹 자체를 거부하는 경우가 있다. 그리고 전략은 무조건 차별화해야 한다는 강박 때문에 경쟁사가 진행했던 전략과 100% 다른 전략을 수립하는 경우를 종종 볼 수 있다. 하지만 이러한 전략은 대부분 실패한다. 업계 1등 그리고 J커브는 우연히 만들어지는 것이 아니다. 1등은 우리보다 똑똑할 가능성이 높고, 그들은 우리가 진입하고자 하는 시장에서 가장 현명한 사람들일 가능성이 높다. 새로운 시장이 열리는 경우를 제외하고 기존 시장에 진입할 때는 1등의 전략을 끊임없이 벤치마킹해야 한다. 그리고 1등과 비슷한 수준까지 올라오게 되었을 때 1등으로 성장할 수 있는 차별화된 전략을 창조해 내는 것이 좋다.

글을 마치며

팔릴 만한 제품을 만드는 데에는
마케터의 역할이 매우 중요하다

우리 중 그 누구도 마케터에게 용기와 행복을 선물하기 위해 필요 없고 가치 없어 보이는 제품을 구입하지는 않는다. 그리고 아무리 뛰어난 마케터여도 가치가 떨어지는 제품을 판매한다는 것은 불가능하다. 아무런 기능과 백그라운드가 없는 성냥 한 개를 10만 원에 판매할 수 있는 마케터는 없을 것이다. 반대로는 초보 마케터여도 제품의 가치가 매우 높은 제품을 마케팅한다면 성공적인 결과로 만들어 낼 수 있다. 성공하는 마케팅의 가장 중요한 요소를 뽑으라고 한다면 아마 대부분의 마케터는 '팔릴 만한 제품'이라고 이야기할 것이다. 가치 있는 제품이라면 아주 적은 노출로도 구매로 이어지게 할 수 있고, 한 번 구입해 본 소비자는 자연스럽게 입소문을 내고 재구매하기 때문에 높은 성과를 만들어 낼 수 있다.

팔릴 만한 제품을 만드는 데에는 마케터의 역할이 매우 중요하다. 상품 개발 담당자가 만들어 온 제품을 비난하며 마케팅 결과에 대한 책임을 돌리는 것은 마케터가 아니다. 진정한 마케터란 개발팀, 기획팀, 디자인팀에게 소비자의 니즈를 전달하고, 그들이 만든 제품을 시장에서 테스트하여 가치 있는 제품으로 발전 가능한 방향을 제시할 수 있는 사람이다.

디자인, 콘텐츠, 노출 효율은 조금씩 부족해도 괜찮다. 하지만 제품의 가치를 높이는 데에 적당한 선이란 없다. 이는 마케터가 가장 중요하게 생각해야 할 부분이다.

마케팅은 천재의 전유물이 아니라 태도의 산물이다

마케팅 환경은 지속적으로 변화한다. 기술이 발전되고 트래픽이 넘쳐나는 서비스가 증가함에 따라 새로운 마케팅 채널이 일 년에도 수백 개씩 등장하고 있다. 소비자의 니즈는 시시각각 변화하며 경쟁제품과 대체재는 하루 서너 개씩 등장한다. 그리고 '예전에는 이렇게 마케팅 했더니 대박 났으니 당신도 이렇게 한번 해보면 대박 날 거예요'라는 과거의 성공방식이 더 이상은 통하지 않고 있다.

불과 몇 달 전과 지금은 완전히 다른 세상이다. 빠르게 변화하는 시장 환경에서 지금 우리가 알고 있는 지식은 내일이면 쓸모없는 지식이 될 수 있다. 그렇기 때문에 지금 마케팅 천재도 내일의 변화를 따라가지 못하면 바보가 될 수 있다.

마케터에게는 타고난 천재성 또는 과거의 성공사례가 아닌 마케팅을 바라보는 '태도'가 가장 중요하다. 소비자는 지금 이 순간에도 변하고 있고, 내가 담당하고 있는 기업은 잠시만 교만함에 빠져도 다음 달부터 매출이 추락할 수 있다. 그렇기 때문에 마케터는 시장과 고객 그리고 스스로에게 겸손해야 하며 끊임없이 학습해야 한다. 단기적인 마케팅은 기회와 운의 결과물일 수도 있지만 장기적이고 거대한 성장은 태도의 산물이다. 과거의 작은 성과에 취해 어지러운 미래를 만들어 가고 싶은 마케터가 아니라면, 지금이라도 마케팅을 구성하는 4가지 변수를 이해하고 학습을 시작하는 것을 추천한다.

+Appendix

퍼포먼스 마케팅 전략 보드

PERFORMANCE MARKETING
STRATEGY BOARD

기업명 _____ 참가자 _____

© Wiseplanet Company

시장분석

시장분석은 시장의 크기와 특성을 분석하고 매력도를 판단하는 과정입니다. 타겟 시장의 규모, 성장속도, 구매력 등에 따라 매력도는 달라질 수 있습니다. 시장분석을 완성도 높게 할 수 있다면 비즈니스 및 마케팅 진행 시 보다 나은 결과를 기대 할 수 있습니다.

시장규모 및 성장추이	소비자의 구매력	주요 경쟁사

※ 타겟으로 하는 시장의 규모와 성장추이를 정리해보세요. (ex : 시장규모 1,000억, 연 평균 성장률 10%)
※ 주요 소비자의 구매력을 정리해보세요. 상용화 표기 또는 월 평균 급여, 매당 제품 구입시 평균 지출 금액 등으로 구체적으로 정리해보면 더욱 좋습니다.
※ 시장에 진입 할 경우 직간접적으로 경쟁하게 될 경쟁사를 정리해보세요. 경쟁사 이름과 함께 주요 강점, 특징, 경쟁력, 업계 순위 등 최대한 자세한 정보를 기재하면 더욱 좋습니다.

시장 매력도 판단을 위한 체크리스트

1. 시장 규모가 충분히 큰가?   YES ☐ NO ☐   4. 경쟁사대비 자사의 경쟁우위가 있는가?   YES ☐ NO ☐
2. 시장 규모가 성장하고 있는가?   YES ☐ NO ☐   5. 명확한 1~3등 경쟁사가 없는 시장인가?   YES ☐ NO ☐
3. 소비자는 구매력이 있는가?   YES ☐ NO ☐   6. 업계 1등은 돈을 벌고 있는가?   YES ☐ NO ☐

※ 6개 체크리스트 중 6개 모두 YES인 시장이 매력적인 시장입니다.

© Wiseplanet Company

타겟고객정의

마케팅의 타겟 고객은 크게 타겟시장(SOM), 유효시장(SAM), 전체시장(TAM)으로 구분합니다. 타겟시장은 자사의 제품(서비스)를 직접적으로 원하고 구입 할 수 있는 고객, 유효시장은 기존 시장에 자사의 제품(서비스)를 대체재로 투입 할 수 있는 시장, 전체시장은 그 외의 모든 시장을 의미합니다.

타겟시장(SOM)

유효시장(SAM)

전체시장(TAM)

※ 해당되는 시장의 규모와 주요 타겟을 정리해봅니다.

© Wiseplanet Company

브랜드 전략

브랜드 전략은 우리의 제품과 브랜드가 소비자에게 어떻게 차별화되고 매력적으로 보여질 것인가에 대한 정리입니다. 브랜드 전략은 소비자의 니즈와 자사 제품(서비스)가 제공하는 가치 그리고 경쟁자와 차별화되는 우위점이 일치하는 지점에서 정의됩니다.

소비자의 니즈

1순위 니즈 :

※ 자사의 제품(서비스)를 소비자가 구매하기 위해서 고려하는 항목을 정리해보세요. (ex: 가격, 내구성, AS, 편리함, 비물질감 등)

브랜드 정의

브랜드 정의

※ 자사의 제품(서비스)를 소비자가 매력을 느낄 수 있게 한 문장으로 정리해보세요. (ex: 가장 저렴하게 화장지를 구입 할 수 있는 쇼핑몰) 소비자가 더 크게 반응 할 수 있는 새로운 Frame을 제시하면 더욱 좋습니다.

제품(서비스) 제공가치

핵심 장점(가치) :

※ 자사의 제품(서비스)가 소비자에게 제공 할 수 있는 가치를 정리해보세요. 제품 또는 서비스의 특성, 기능, 장점 등을 기준으로 작성하면 더욱 좋습니다. (ex: 비용 절감, 편리함 등)

경쟁우위(차별성)

핵심 경쟁우위 :

※ 자사의 제품(서비스)가 경쟁사와 대비하여 차별화 될 수 있는 부분을 정리해보세요.

© Wiseplanet Company

+Appendix 퍼포먼스 마케팅 전략 보드

채널전략

브랜드가 정의되면, 가장 낮은 비용으로 정밀한 타겟팅과 많은 노출이 가능한 채널을 선택해야 합니다. 채널전략의 우선순위는 타겟시장 > 유효시장 > 전체시장입니다. 채널전략을 도출하기 위해서는 3가지 타겟 별 노출이 가능한 채널이 있는지 확인하고, Volume을 측정하여, 그 중 가장 효율적인 매체를 선택하면 됩니다.

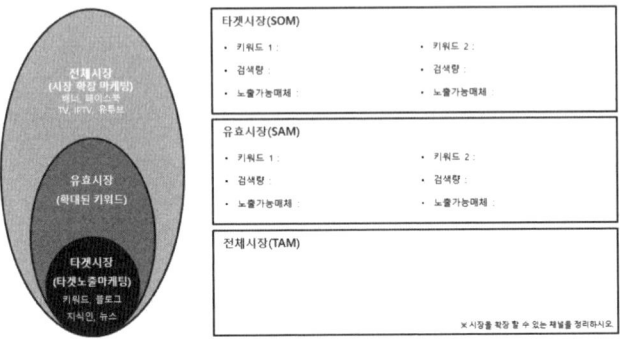

콘텐츠 전략

콘텐츠 전략은 브랜드 전략을 통해 정의된 내용을 마케팅 채널 별 표현하는 방법에 대한 전략입니다. 마케팅 채널은 채널 별 속성이 상이하기 때문에 그에 맞는 메시지, 이미지 등을 사용해야 효과적인 마케팅 진행이 가능합니다.

페이스북	지식인
※ FMI(재미, 의미, 정보) 중심	※ 전문성, 객관적인 정보 중심
블로그	배너
※ 리뷰(후기) 중심	※ 배너를 주목하고, 클릭 할 수 있는 Point 중심
언론기사	브런치 및 포스트
※ 객관적인 사실, 팩트 중심	※ 전문적인 표현 중심

콘텐츠 전략

콘텐츠 전략은 브랜드 전략을 통해 정의된 내용을 마케팅 채널 별 표현하는 방법에 대한 전략입니다. 마케팅 채널은 채널 별 속성이 상이하기 때문에 그에 맞는 메시지, 이미지 등을 사용해야 효과적인 마케팅 진행이 가능합니다.

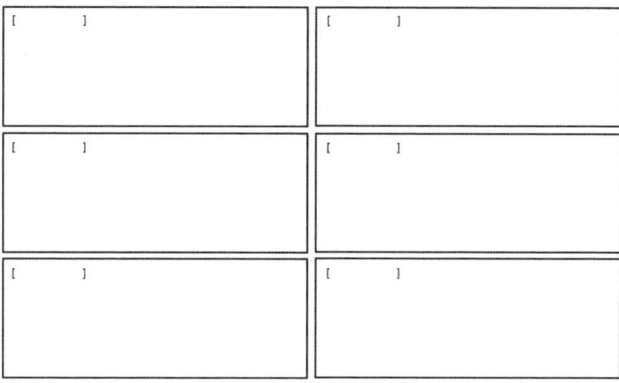

분석 및 고도화

마케팅 집행 이후에는 브랜드, 콘텐츠, 채널 별 효율 분석이 핵심입니다. 우리 회사에서 실현 가능한 성과 분석 방법을 정리하여 분석 체계를 수립합니다. 성과 분석 후에는 CAC(고객획득비용)를 최소화하고, LTV(고객생애가치)를 극대화 하는 지속적인 활동이 필요합니다. CAC보다 LTV가 높아지는 지점을 찾아낸다면, 마케팅을 통한 기업 성장이 가능하게 됩니다.

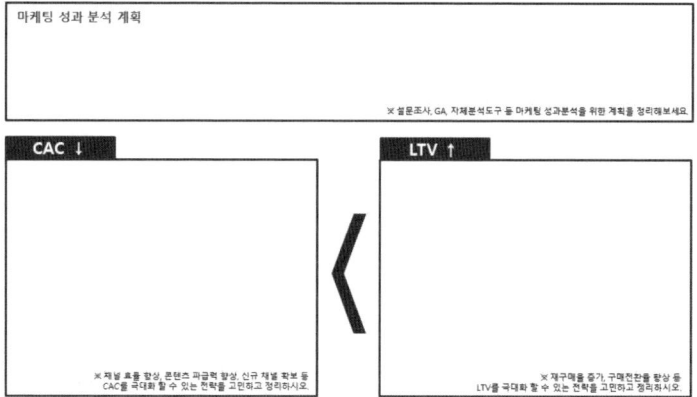

SAMPLE

김사장
프랜차이즈 창업정보 & 체험 서비스

© Wiseplanet Company

시장분석

시장분석은 시장의 크기와 특성을 분석하고 매력도를 판단하는 과정입니다. 타겟 시장의 규모, 성장속도, 구매력 등에 따라 매력도는 달라질 수 있습니다. 시장분석 완성도를 높게 할 수 있다면 비즈니스 및 마케팅 진행 시 보다 나은 결과를 기대 할 수 있습니다.

시장규모 및 성장추이	소비자의 구매력	주요 경쟁사
프랜차이즈 가맹본부 약 4천개 (매 년 10%이상 증가) 연 1,000만원 계약시 400억 시장 규모 프랜차이즈 가맹점 약 22만개 (매 년 10% 이상 증가)	예비창업자의 평균 창업비용 1억 (구매력이 높음)	창업컨설턴트 소상공인진흥공단 기타 프랜차이즈 창업앱
※ 타겟으로 하는 시장의 규모와 성장추이를 정리해보세요. (ex : 시장규모 1,000억, 연 평균 성장률 10%)	※ 주요 소비자의 구매력을 정리해보세요 상출되 표기 또는 평균 급여, 해당 제품 구입시 평균 지출 금액 등으로 구체적으로 정리해보면 더욱 좋습니다.	※ 시장에 진입 할 경우 직간접적으로 경쟁하게 될 경쟁사를 정리해보세요. 경쟁사 이름과 함께 주요 강점, 특징, 경쟁력, 업계 순위 등 최대한 자세한 정보를 기재 하면 더욱 좋습니다.

시장 매력도 판단을 위한 체크리스트

1. 시장 규모가 충분히 큰가?   YES ■   NO □   4. 경쟁사대비 자사의 경쟁우위가 있는가?   YES ■   NO □
2. 시장 규모가 성장하고 있는가?   YES ■   NO □   5. 명확한 1~3등 경쟁사가 없는 시장인가?   YES ■   NO □
3. 소비자는 구매력이 있는가?   YES ■   NO □   6. 업계 1등은 돈을 벌고 있는가?   YES ■   NO □

※ 6개 체크리스트 중 6개 모두 YES인 시장이 매력적인 시장입니다.

© Wiseplanet Company

타겟고객정의

마케팅의 타겟 고객은 크게 타겟시장(SOM), 유효시장(SAM), 전체시장(TAM)으로 구분합니다. 타겟시장은 자사의 제품(서비스)를 직접적으로 원하고 구입 할 수 있는 고객, 유효시장은 기존 시장에 자사의 제품(서비스)을 대체재로 투입 할 수 있는 시장, 전체시장은 그 외의 모든 시장을 의미합니다.

타겟시장(SOM)
프랜차이즈 창업을 희망하는 예비창업자
(연간 2만 명 이상 추정)

유효시장(SAM)
벤처기업, 일반자영업 등 창업을 준비하는 예비창업자
(연간 5만 명 이상 추정)

전체시장(TAM)
창업 가능성이 있는 대한민국 국민

※ 해당되는 시장의 규모와 주요 타겟을 정리해봅니다.

브랜드 전략

브랜드 전략은 우리의 제품과 브랜드가 소비자에게 어떻게 차별화되고 매력적으로 보여질 것인가에 대한 정리입니다. 브랜드 전략은 소비자의 니즈와 자사 제품(서비스)가 제공하는 가치 그리고 경쟁자와 차별화되는 우위점이 일치하는 지점에서 정의됩니다.

소비자의 니즈

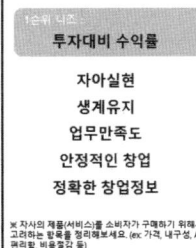

자아실현
생계유지
업무만족도
안정적인 창업
정확한 창업정보

※ 자사의 제품(서비스)를 소비자가 구매하기 위해서 고려하는 항목을 정리해보세요. (ex: 가격, 내구성, AS, 편리함, 비용절감 등)

브랜드 정의

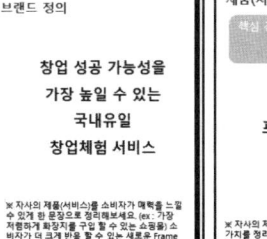

창업 성공 가능성을
가장 높일 수 있는
국내유일
창업체험 서비스

※ 자사의 제품(서비스)를 소비자가 매력을 느낄 수 있게 한 문장으로 정리해보세요. (ex : 가장 저렴하게 화장지를 구입 할 수 있는 쇼핑몰) 소비자가 더 크게 반응 할 수 있는 새로운 Frame 을 제시하면 더욱 좋습니다.

제품(서비스) 제공가치

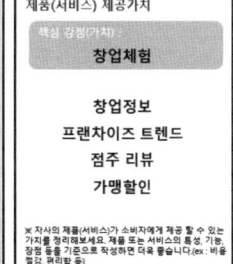

창업정보
프랜차이즈 트렌드
점주 리뷰
가맹할인

※ 자사의 제품(서비스)가 소비자에게 제공 할 수 있는 가치를 정리해보세요. 제품 또는 서비스의 특성, 기분, 장점 등을 기준으로 작성하면 더욱 좋습니다. (ex : 비용 절감, 편리함 등)

경쟁우위(차별성)

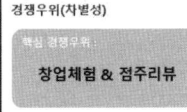

단순 정보제공 수준의 경쟁자와 다르게 김사장 플랫폼은 창업을 체험해 볼 수 있는 차별점을 보유

※ 자사의 제품(서비스)가 경쟁사와 대비하여 차별화 될 수 있는 부분을 정리해보세요.

채널전략

브랜드가 정의되면, 가장 낮은 비용으로 정밀한 타겟팅과 많은 노출이 가능한 채널을 선택해야 합니다. 채널전략의 우선순위는 타겟시장 > 유효시장 > 전체시장입니다. 채널전략을 도출하기 위해서는 3가지 타겟 별 노출이 가능한 채널이 있는지 확인하고, Volume을 측정하여, 그 중 가장 효율적인 매체를 선택하면 됩니다.

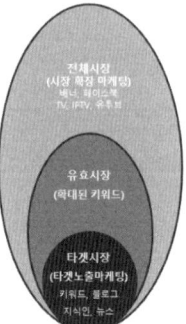

타겟시장(SOM)
- 키워드 1 : 파리바게트창업
- 검색량 : 2,000건
- 노출가능매체 : 파워링크, 지식인, 뉴스
- 키워드 2 : 프랜차이즈창업
- 검색량 : 4,400건
- 노출가능매체 : 파워링크, 지식인

유효시장(SAM)
- 키워드 1 : 소자본창업
- 검색량 : 27,000건
- 노출가능매체 : 파워링크, 지식인
- 키워드 2 : 요즘뜨는창업아이템
- 검색량 : 4,700건
- 노출가능매체 : 파워링크, 지식인, 뉴스

전체시장(TAM)
- 페이스북 : 창업관심고객 대상 노출
- 라디오 : 40~50대가 많이 듣는 방송 전후 노출

※ 시장을 확장 할 수 있는 채널을 정리하시오

콘텐츠 전략

콘텐츠 전략은 브랜드 전략을 통해 정의된 내용을 마케팅 채널 별 표현하는 방법에 대한 전략입니다. 마케팅 채널은 채널 별 속성이 상이하기 때문에 그에 맞는 메시지, 이미지 등을 사용해야 효과적인 마케팅 진행이 가능합니다.

페이스북	지식인
실제 창업 가맹점주들의 후기 정보가 모여있는 김사장 서비스 소개 ※ FMI(재미, 의미, 정보) 중심	프랜차이즈 창업 할 때 가장 주의할 점 전문가 관점 설명 후 김사장 추천 ※ 전문성, 객관적인 정보 중심
블로그	배너
김사장 앱을 통해 창업 체험 후 좋았던 점을 리뷰 형태로 소개 ※ 리뷰(후기) 중심	"프랜차이즈를 창업한 사장님들의 뒷담화 1,000개 공개" 형태로 배너제작 ※ 배너를 주목하고, 클릭 할 수 있는 Point 중심
언론기사	브런치 및 포스트
김사장을 통해 성공창업으로 이어진 사례 및 관련 데이터 소개 ※ 객관적인 사실, 팩트 중심	최근 프랜차이즈 창업 트렌드와 창업지원 서비스 중 김사장 소개 ※ 전문적인 표현 중심

분석 및 고도화

마케팅 집행 이후에는 브랜드, 콘텐츠, 채널 별 효율 분석이 핵심입니다. 우리 회사에서 실현 가능한 성과 분석 방법을 정리하여 분석 체계를 수립합니다. 성과 분석 후에는 CAC(고객획득비용)을 최소화하고, LTV(고객생애가치)를 극대화 하는 지속적인 활동이 필요합니다. CAC보다 LTV가 높아지는 지점을 찾아낸다면, 마케팅을 통한 기업 성장이 가능하게 됩니다.

마케팅 성과 분석 계획

APP 다운로드 1건당 비용 분석(CPI)
자체 분석을 통해 다운로드가 많이 발생한 마케팅 채널 분석

※ 설문조사, GA, 자체분석도구 등 마케팅 성과분석을 위한 계획을 정리해보세요.

CAC ↓
- 새로운 마케팅 채널 매 월 1건 이상 테스트
- 유행어를 활용한 카피 기획
- 고객후기 영상제작 및 노출
- SNS에 확산할 수 있는 바이럴 기능추가

※ 채널 효율 향상, 콘텐츠 파급력 향상, 신규 채널 확보 등 CAC를 극대화 할 수 있는 전략을 고민하고 정리하시오.

LTV ↑
- 고객 재방문을 위한 커뮤니티 구축
- 구매전환율 향상을 위한 UI/UX개선
- 10회 체험자 마케팅비용 지원 이벤트 기획

※ 재구매율 증가, 구매전환율 향상 등 LTV를 극대화 할 수 있는 전략을 고민하고 정리하시오.